パレスチナの ちいさな いとなみ

働いている、生きている

高橋美香 文・写真 × 皆川万葉 文

かもがわ出版

■目次■

本書では、かつてのイギリス委任統治領パレスチナの範囲、つまり現在のイスラエル、ヨルダン川西岸地区、ガザ地区を合わせた地域を「パレスチナ地域」と記載する。

パレスチナ地域に住むパレスチナ人やパレスチナ域外に住むパレスチナ人に民族的な差はないが、パレスチナ地域のうちイスラエル内に住むパレスチナ人は「アラブ人」と呼ばれることが多い。

「ユダヤ人」は、本来は人種的概念ではなく、ユダヤ教徒を指すが、本書では非宗教的なユダヤ系イスラエル人にも用いる。イスラエルのユダヤ人は、ヨーロッパ系、中東系（アラブ系・イラン系）、アフリカ系の人びとまで幅広い。

はじめに

二〇一八年に共著者の皆川万葉さんといっしょにパレスチナを歩いた。この本は旅のあいだの語らいから生まれたといっても過言ではない。万葉さんといっしょに訪ねた生産者や関係者の女性たちは、一様に明るく、仕事で収入を得ることで自らの人生を切り拓《ひら》く自信に満ち溢《あふ》れていた。

以前から、パレスチナの「働くひとたち」を撮《と》りつづけていた。働くひとがときおり見せる笑顔に心惹《ひ》かれる。賃金を得るための仕事だけでなく、たとえお金には換えられなくても、生活や人生を支える「仕事」があることも知った。その生きがいでもあった「仕事」を失ったために、日々の目標を見出せず、無気力になり、心身ともに弱ってしまうひともいる。文中のアブーハミースは、分離壁《ぶんりへき》反対デモで頭を撃《う》たれて以来体調を崩《くず》しがちな長男の結婚《けっこん》資金を用意するために、家畜《かちく》をすべて売り払《はら》い、放牧に出かけなくなってから徐々《じょじょ》に糖尿病《とうにょうびょう》が悪化し、失明してしまった。まだ病状が悪化する前「なにもすることがない。自分には価値がないように感じる」と塞《ふさ》ぎこんでいた姿を思い出すたび、胸が痛む。

一方、白血病で次男を亡くして泣き暮らすばかりだった友人が、翌年「治療費《ちりょうひ》で莫大《ばくだい》な借金を背負っている」とわずかな手間賃と引き換《か》えに、渡《わた》された布に指示どおりの刺繍《ししゅう》をする手を泣きながら動かしていた。定職に就いていない夫は「体面が悪い」と妻が外に働きに出ることを希望するも許さず、日々の食費や電気代、水道代にもこと欠き、壮絶《そうぜつ》な夫婦げんかが絶えなかった。見るに見かねて、彼女《かのじょ》に布と刺繍糸を買って渡し、彼女自身のアイディアで作ったものを買い上げることを提案した。あれから六年。彼女は売り上げを元手に、次男の入院で工事がストップしたままのキッチンのリフォームをしたいと笑顔で夢を語るようになった。

自らの手や才覚で稼《かせ》ぎ出すお金で、自らの夢をかなえ、人生を切り拓くことや、生きがいを感じられることこそが「仕事をする」ということであり「生きる」ということ。それは、どんなに困難な状況《じょうきょう》にある国や地域のひとたちも同じなのではないかと思う。

高橋美香

アルワラジャをともに歩いたバーセルに捧げる

高橋美香

パレスチナを初めて「知った」のは第一次インティファーダをテレビで観た中学生のころ。同年代の子どもたちが戦車に向かって石を投げている姿に衝撃《しょうげき》を受けた。

高校卒業後、某校《ぼうこう》の「ルポライター専攻科《せんこうか》」で学ぶために上京。そこで「食えても、食えなくても一生追えるテーマをもて。もてないようならこの道はあきらめろ」と言われ、パレスチナを「一生のテーマ」として再び意識する。同じころ、写真の授業で暗室作業に夢中になるとともに、写真家・長倉洋海さんの著作や写真展に出会い、強く影響《えいきょう》を受ける。その後、アラビア語や中東政治を学ぶために大学の国際関係学部へ進学。大学時代はチェ・ゲバラ、マルコス副司令官（サパティスタ民族解放軍）、ロバート・キャパに憧《あこが》れ、カメラを片手にアジア、中東、中米諸国を旅する。

大学卒業後の二〇〇〇～二〇〇一年エジプトでアラビア語を学び、伝統芸能スーフィダンスの撮影《さつえい》をはじめる。パレスチナを初訪問。以来、継続《けいぞく》的に現地の人びとと生活をともにしながら、生活のなかから見える「パレスチナ問題」を撮影、取材している。

皆川万葉

パレスチナ・オリーブの代表をしています。

中高生のときに、アジア各地での「民主化」運動、東欧《とうおう》の体制変換《へんかん》、湾岸《わんがん》戦争のニュースを見て、あれこれ考えさせられました。大学生になった一九九三年、オスロ合意に疑問をもったことからパレスチナのことが気にかかり、宮城県仙台市でパレスチナについての勉強会など市民活動にかかわりはじめました。一九九五年にＮＧＯのスタディツアーでパレスチナを訪問、自分がパレスチナの人たちの日常生活をまったく想像できていなかったことにショックを受け、人びとのことをもっと知りたいと思い大学院で中東の地域研究を専攻。一九九八年から一九九九年にかけて、ヨルダン川西岸地区のビルゼイト大学に短期留学、小さな村で女子学生たちといっしょに暮らしました。一九九八年よりパレスチナのオリーブオイル、オリーブ石けん、刺繍《ししゅう》製品などをフェアトレードで輸入、全国に販売《はんばい》。毎年生産者を訪問し、通信や各地でのお話会で生産者のこと、人びとの暮らしなどを伝えています。震災《しんさい》・原発事故後に山梨県甲府《こうふ》市に拠点《きょてん》を移しましたが、現在は仙台に戻っています。

パレスチナの ちいさな いとなみ

働いている、生きている

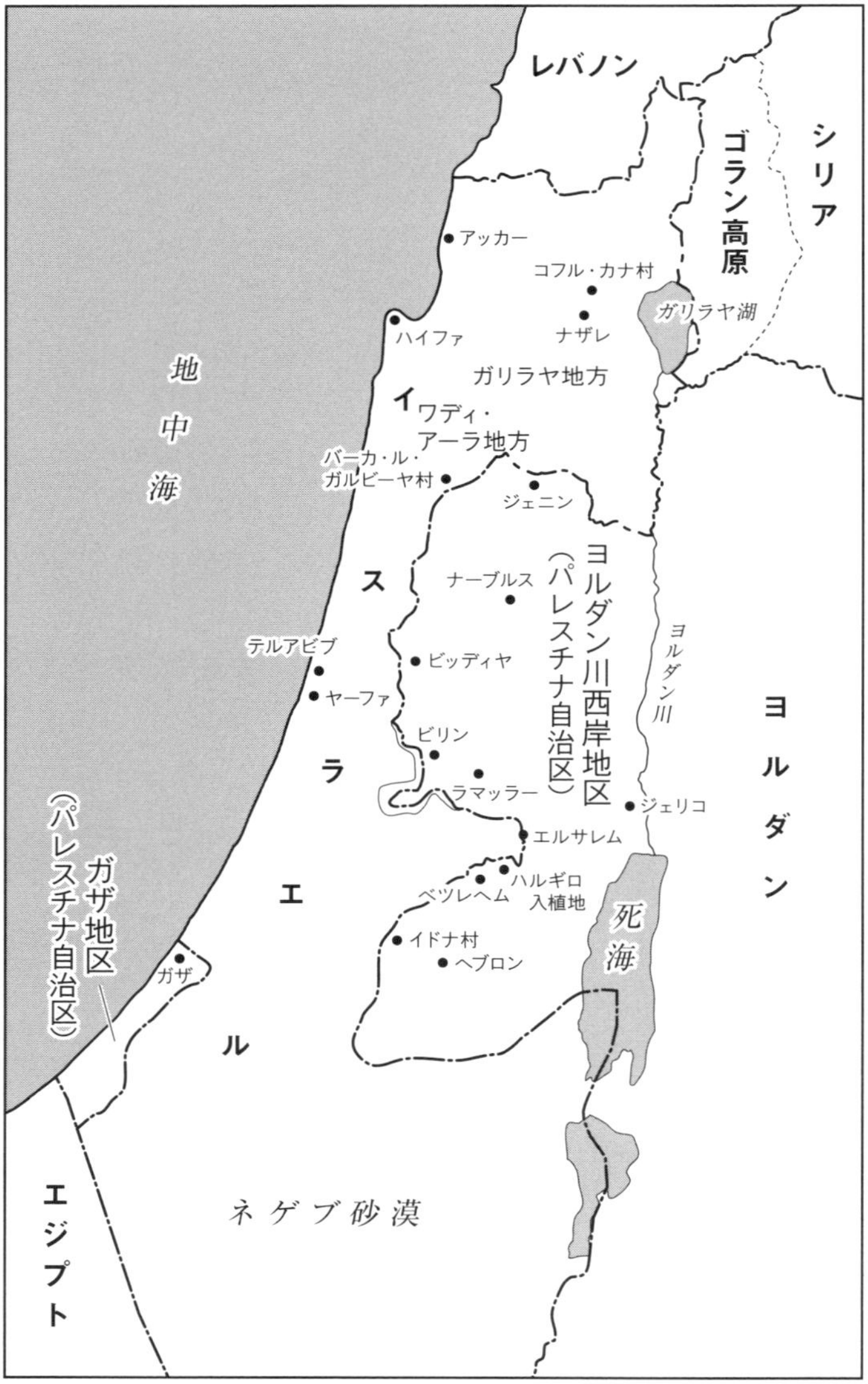

イスラエル

1948年に建国を宣言、1949年停戦によりイスラエル領。総人口約950万人のうち、約21%の200万人がパレスチナ人。その多くがガリラヤ地方やワディ・アーラ地方、ネゲブ砂漠《さばく》に住む。

ヨルダン川西岸地区

1967年よりイスラエルが占領。1993年のオスロ合意以降の交渉により、主要な町や村の周辺の行政は、パレスチナ自治政府の管轄となった。自治区内は以下のように分けられる。

A地区（18%）パレスチナ自治政府が統治

B地区（21%）自治政府が行政を、治安はイスラエルと共同管理

C地区（61%）イスラエルが治安、行政を支配

パレスチナ人の人口は約325万人。約145か所の入植地に約70万人のユダヤ人が住む。

ガザ地区

1967年よりイスラエルが占領。パレスチナ自治政府の管轄。人口は約222万人。

このほかに世界各国に約600万人のパレスチナ人が住んでいる。

イスラエルに住みつづけるパレスチナ人、ガザ地区のパレスチナ人、ヨルダン川西岸地区のパレスチナ人、エルサレムのパレスチナ人、周辺アラブ諸国にパレスチナ難民として暮らすパレスチナ人、他国の国籍《こくせき》をもちパレスチナ系○○人として暮らす人びとがおり、分断され、それぞれが困難を抱《かか》えて生きている。

パレスチナのお仕事

高橋美香

市場の一角で葉物野菜を売る　ナーブルス　2018年

家畜の世話

●＝名前　▲＝地名
●アブーハミース　▲ビリン　二〇〇九年

冬はヤギの出産シーズン。母ヤギが産んでくれた子どもを一頭でも多く健康に成長させることが農家の務め。出産のタイミングを見計らって、助産師のようにアブーハミースは母ヤギの出産の手伝いをする。頭が出てきたら子ヤギを引っ張り出す。

ヤギのミルクはチーズ作りの大切な材料となる。おいしくできたチーズは近所の人が買い求めに来る。余剰《よじょう》があれば町の市場で売る。大きく育った家畜は、貴重な現金収入にもなる。

「産まれたぞ!」。産まれたての子ヤギを抱《かか》えたアブーハミースが興奮気味に声をあげた。

オリーブ拾い

●インムファラジュ　▲クフルマーリク　二〇一四年

一〇月、パレスチナではオリーブの収《しゅう》穫《かく》がはじまる。ふだんは離《はな》れた町で暮らしている子や孫も、収穫を手伝いに帰ってくる。木のまわりにシートを広げ、手や熊手を使って一粒《ひとつぶ》ずつ摘《つ》んだり落としたりしていく。

ラマッラーの北東約一四キロメートルにある村は、イスラエル軍の基地や入植地★1にも近く、頻繁《ひんぱん》に入植者による嫌《いや》がらせの襲撃《しゅうげき》や収穫間近の木々が燃やされたりする事件も起きる。

大昔からつづけられてきたこのいとなみを淡々《たんたん》とつづけていくことが使命とばかりに、インムファラジュは黙々《もくもく》と落ちたオリーブの実を拾う。「年寄りだからってこんな大事な日に休んでなんかいられないよ」と皺《しわ》の刻まれた顔で笑う。

ハーブ摘み

●ハイサム　▲ビリン　二〇一八年

ハイサムが父親から受け継《つ》いで、長らくそのままにしていた土地の手入れをはじめた。敷地《しきち》内に転がる岩を取り除き、果樹を植え、草を刈る。「家畜が入ってこられないように周囲に柵《さく》を造って、大きなオリーブの木を何本か植えて、休憩《きゅうけい》ができる小屋をつくりたい。将来この土地をムハンマドやその子孫が受け継いでいけるように」と夢を語る。

この日は、パレスチナ人がよくお茶に入れて飲むマラミーヤ（セージ）と乾燥《かんそう》させてパンなどにつけて食べたりするザアタルを摘みに来た。「この土地の一部をミカに分けてやるから、木でも植えたらどうだ？」とハイサム。お金を出し合って、大きなオリーブの木を買って植えた。移植には重機が必要なほどの大きな木。実を収穫する日が待ち遠しい。

(左) 家畜のエサとなる草を刈る
●アブーハサン　▲ビリン　2018 年
(右下) 野菜を刻む (ごはんの支度)
●インムイブラヒム　▲ビリン　2018 年
(左下) ブドウの枝の剪定《せんてい》　▲ビリン　2018 年

遊牧民（ベドウィン）

▲ビッディヤ郊外《こうがい》　二〇一三年

遊牧民のアブースルターン、インムスルターン夫妻は南ヘブロンの出身。その地域では多くの遊牧民が家畜を追いながら暮らしているが、住居や家畜小屋が「違法《いほう》建築物★2」だとして当局から破壊《はかい》され、追われているケースがあとを絶たない。

夫妻は、電気も水も引かれていない、故郷からは遠く離れたこの山の上で数百頭の羊とヤギを育てながら暮らす。家畜はすべて預かったもので、子どもを増やし、売れるようになるまで大きく育て上げて、その手間賃で生計を立てているという。

水はタンクローリーが運んで来たものを買っている。その貴重な水を使って淹《い》れたお茶がふんだんにふるまわれる。それは、遊牧民にとって最高の歓待《かんたい》のしるしだと同行者に教えられる。

床屋

▲ビリン　二〇一一年

生後八か月で急性リンパ性白血病と診断《しんだん》されたカルミーが自宅で家族といっしょに時を過ごせたのはわずかなあいだだった。免疫《めんえき》力が低く、ちょっとした感染症《かんせんしょう》でも命を脅《おびや》かされるため、カルミーは同年代の子といっしょに遊んだり、幼稚園に通うことも難しく、自宅で過ごすことが多かった。

事情をよく知る、村の床屋《とこや》さんがカルミーの散髪《さんぱつ》のために出張サービスをしてくれた。人見知りが激しいカルミーは、知らないお兄さんにケープを着せられ、椅子に座るだけのことを泣いて嫌《いや》がった。お兄さんは笑顔で辛抱《しんぼう》強くカルミーに向き合い、髪《かみ》を切ったらどんなにステキになるかを説いた。

椅子《いす》に座ったカルミーからは見えないのに、お兄さんはずっと優しい笑顔を浮《う》かべて髪を切りつづけた。

漁師

▲ガザ　二〇〇〇年

もう遠い昔の話になる。まだガザ地区が封鎖《ふうさ》★3されるずっと前に海沿いの集落をブラブラ歩いていた。港では小さな船が魚を載《の》せて帰港し、その魚はすぐに市場に運ばれて、ガザの人びとの食卓《しょくたく》にのぼった。

浜《はま》の近くで、漁師さんが破れた網《あみ》の修復作業をしていた。名前を聞いたわけでもない。さして多くの会話を交わしたわけでもない。それでも、印象に残るひとがいる。

いまでは、封鎖によって船の燃料を得ることもままならず、漁ができる海域も狭《せば》められ、その海域内であってもイスラエル海軍に攻撃《こうげき》され、亡くなる漁師があとを絶たない。

漁ができる海域
オスロ合意（73ページ参照）によりガザの領海《りょうかい》二〇海里での漁業権を保障されたが、イスラエルにより段階的に六海里（それ以下の時期も）に制限され、この海域内であっても、イスラエル海軍による銃撃《じゅうげき》、拿捕《だほ》がつづいている。

ザクロジュース屋　▲エルサレム　2018 年
秋から冬にかけて新鮮《しんせん》なザクロジュースが味わえる。半分に切ったものを圧搾《あっさく》機《き》で押《お》しつぶし果汁を搾《しぼ》り出していく。コップ一杯《いっぱい》15 シェケル（およそ 500 円。それぞれの時期のレートで換算）。

荷運び

▲ジェニン　二〇一八年

多分これこそもっとも少ない元手ではじめられる商売のひとつだろう。小さなアラバイ（手《て》押《お》し車）ひとつで、買い物をしたひとの荷物を指定の場所まで運び、運び賃を得る。

拘束《こうそく》時間や荷物の数、運ぶ距離《きょり》などにもよるが、買い物をして、近隣《きんりん》に停めてある車やセルビス（乗り合いタクシー）[★4]乗り場まで運んでもらってだいたい五シェケル（およそ一六〇円）ほどだという。

まだ学校へ行っているような少年や小さな子がアラバイを押している姿も見かける。家計の足しにと、学校から帰って懸命《けんめい》に働いているのかもしれない。

キャンディー屋

▲ナーブルス　二〇一四年

ナーブルスの町はイードルアドハー（犠牲祭《ぎせいさい》）★5のはじまりを目前にして買い物客で大にぎわいだった。イードの日、日本のお正月のように、子どもたちはイーディーヤと呼ばれるお年玉のようなものをもらい、新しい服や、玩具《がんぐ》、お菓子《かし》などを買ってもらえる。

多くのひとが行きかう雑踏《ざっとう》のなかで、おじさんの手押し車に載った色とりどりのキャンディーが目を引いた。店舗《てんぽ》もない小さな商い。きっとそんなに大きな利益は得られない仕事だろう。重い手押し車を押してガタガタの石畳《いしだたみ》を歩くのはかなりの重労働だ。

夕方、ささやかな売上金を手にして、おじさんも自分の家族になにかを買って帰るのかもしれない。すべてのひとが大切なひとと、ささやかなお祝いができますように。

イード ムバーラク（イードおめでとう）。

クナーファ屋

▲ナザレ　二〇一八年

パレスチナを代表するスウィーツといえば間違《まちが》いなくクナーファだ。「クナーファといえばナーブルス」とよく耳にするが、ナザレのクナーファもおいしかった。奥《おく》の厨房《ちゅうぼう》で作られて運ばれてきた熱々のクナーファが、またたく間に売れていく。店頭に立つおじさんが熟練の技で注文に応じた量を目分量で切り分け、トレーに載せていく。秤《はかり》で測られると、不思議なほどぴったりの量が載せられている。濃厚《のうこう》なチーズの味がシロップの甘みとマッチしていて、とてもおいしかった。

ナザレのようなイスラエル領内のアラブ人の町とナーブルスのようなパレスチナ自治区の町は、壁《かべ》や検問所★6で隔《へだ》てられている。同じ言葉をしゃべり、同じ文化をもつ両側の町で同じ料理やお菓子《かし》を食べていると、「国とはなんだろう」と思わされる。

カターエフ屋

▲ジェニン　2018 年

カターエフは小さなパンケーキのようなもの。何枚も何十枚もパック詰《づ》めにされたものが菓子屋の店先でよく売られている。ラマダーンの時期によく食べるもので、家庭で中にチーズやナッツなどを詰め、シロップで味付けしてから食べる。

菓子屋

▲エルサレム　2013 年

エルサレム旧市街を含む東エルサレムでは、高額な税金、営業許可証の更新《こうしん》などの困難により廃業《はいぎょう》に追い込《こ》まれる商店主が多くいる。万が一、許可証を持たずに露店《ろてん》などを開いていれば、すぐに当局の手入れが入り、屋台を壊《こわ》されたり、品物を踏《ふ》みつぶされたりしている光景もめずらしくない。

菓子屋

▲ジェニン　2009 年

5 年後、2014 年に再会をはたしたお菓子屋さんは、同じ場所で商いをつづけていた。

クフィーヤ工場

▲ヘブロン　二〇一四年

所狭《せま》しと大きな織機が並び、轟音《ごうおん》をたててクフィーヤ（パレスチナ伝統のスカーフ）を織り上げる。日本製の古い機械もここでは現役だ。繊維《せんい》産業がさかんな小さな町で、工場から聞こえてくるこの織機の音を聞きながら育った。窓をのぞいて機械が規則的に動くのを飽《あ》きもせず眺《なが》めていたものだ。

ヒルバウィー社製のクフィーヤは一枚二五シェケル（およそ七五〇円）。市場には中国製の安価なもの（一枚およそ一〇シェケル）が出まわり、パレスチナの多くのクフィーヤ工場が廃業した。

私の地元の繊維産業もすっかり廃《すた》れてしまった。近所の町工場もなくなり、機械の音は聞こえなくなった。ヒルバウィーのクフィーヤがパレスチナのひとに愛され、守られますようにと願う。織機の音があの場所から消えてなくなりませんようにと。

かまど焼きパン屋

▲ジェニン　二〇一八年

ジェニンの町中にある市場の一角に評判のかまど焼きパン屋がある。ふだん食べる一般的《いっぱん》なパンよりも生地が薄《うす》くてモチモチしているのが特徴《とくちょう》だ。かまどの中で石を熱して石焼きにするので、パンの表面はポツポツと石の形が残る焼き上がり。

「外国人が撮影《さつえい》に来たのは初めてだ」と職人さんたちは笑いながら、手を止めずに話しかけてくる。こねた生地を伸《の》ばす、生地が職人さんの手を離れて宙を舞う。その手際がおいしさのカギとなる。

店先で注文を受けるのはまだ小学生の息子。学校が終わると彼《かれ》も店を手伝う。こうやって代々受け継がれてきたのだろう。父親は息子の姿にかつての幼かった自分の姿を重ね、みつめているのかもしれない。

布地屋

▲ラマッラー　二〇一八年

パレスチナでは手芸や刺繍をする女性が多いので布地や手芸品をあつかう店はいつも大混雑。この店も西岸地区一の都市ラマッラーの中心部という立地のよさもあるからか常にお客さんであふれている。

「この生地はどこのもの?」「これより細い糸はない?」「その赤い生地を三メートル」「これと同じものを探しているのだけれど」。さまざまな客の注文をどんどんさばいていく。圧倒《あっとう》的に女性客が多いなか、家族に頼《たの》まれて買い物に来た男性が、狭い店内で女性に触《ふ》れてしまわないように遠慮《えんりょ》がちに小さくなっている。

「店内の品は糸ならフランスやヨルダン、生地はトルコなどからくるものが多いけれど、ときどきパレスチナ産のものもあるよ」と、店主がみせてくれる。糸も生地も多くは外国からの輸入品なので安くはない。

映画監督

▲ラマッラー　二〇〇九年

パレスチナで『この2メートルの土地で』という映画に出演したことがある。この作品は山形国際ドキュメンタリー映画祭にも出品された。映画の紹介《しょうかい》ページには「詩人ダルウィーシュの墓碑《ぼひ》近くで行われるラマラ（ラマッラー）のパレスティナ音楽祭に集うTVクルー、学生、演奏者、裏方——本番までの人々の姿が感性豊かに映し出される」（映画祭公式HP）とある。

この映画の監督《かんとく》は、パレスチナ人の父をもつスペイン人のアハマド・ナッチェ。「困難にも負けずに文化や伝統芸能を追い求めるパレスチナの芸術家たちの姿と、その舞台《ぶたい》である劇場を建てた出資国から来たフォトグラファーの出会いと交流はこの映画にとって欠かせない場面になる」と出演の依頼《いらい》を受けた。

監督のアハマドにタイトルの意味を聞いた。「これはパレスチナ人の詩人、マフムード・ダルウィーシュの詩の一文。人生を終えるときに必要な広さ……それがこの二メートルの土地。この映画のラストはダルウィーシュのお墓のそばで幕を閉じるんだ」。生涯《しょうがい》ペンを片手に抵抗《ていこう》の詩作をつづけたひとだった。

マフムード・ダルウィーシュは一九四一年（四二年説もあり）、西ガリラヤ、アルビルワに生まれた。一九四八年の戦争で一家はいったんレバノンに逃《のが》れ、翌年イスラエル領内のアラブの町であるアッカーに移り住む。一九七三年にはPLO（パレスチナ解放機構）に合流し、イスラエルには入国禁止となる。彼の詩は闘《たたか》うパレスチナ人を大いに勇気づけ、「（ダルウィーシュの詩は）一個大隊の兵士より恐《おそ》ろしい」と言われた。九五年からはラマッラーに暮らした。彼の故郷や若いころ暮らした町ハイファへ行くことはなかなか許されず、二〇〇八年、六七年の生涯を閉じた。

俳優

●サーレフ・バクリー　▲ハイファ　二〇一四年

二〇〇七年に東京国際映画祭でサクラグランプリを受賞した『迷子の警察音楽隊』が好きで、この映画でハーレッド役を演じた俳優サーレフ・バクリーが、あの『Jenin Jenin』の監督《かんとく》で俳優のムハンマド・バクリーの息子と知って、ますます興味をもった。友人が彼の友人であると知り、その紹介で二〇〇九年に初めて彼と対面した。

五年ぶりの再会はハイファの自宅に招かれた。通りでケガをして死にかけていた足の不自由な子猫《こねこ》アシュタルと暮らしていた。

俳優として、自分の仕事をとおしてパレスチナ人としてのアイデンティティを表現し、占領《せんりょう》に抵抗する。政府の不平等で人種差別的な政策に公然と異を唱える。イスラエル社会のなかで生きるパレスチナ人として、俳優として、それは相当な覚悟《かくご》を必要とすることでもある。「このハイファにも、たくさんのひとが逃《に》げざるをえず、そして二度と戻《もど》ってこられなかった廃墟《はいきょ》がたくさんある。自分が暮らす町のそういう側面ももっと伝えてきたいと思っている」と彼は話した。

それぞれの「仕事」、自分の立場や影響《えいきょう》力《りょく》を、どんなことのために用いるか、いつも彼の姿から教えられている。

通信社プロデューサー

●ジャラール　▲ジェリコ　二〇一二年

ジャラールは通信社のプロデューサー。彼に初めて会ったのは、二〇一二年。ジェリコ近郊《きんこう》の入植者用道路★7の開放を求めたデモに向かう日、交通手段のない私と友人を同乗させてくれた。デモ参加者のほかの車は、入植地内の通行が許されないので大きく迂回《うかい》しなければならないが、大手通信社のプレスカードをもつジャラールの車は入植地の入口の検問を簡単に越えた。

ビリン村のデモで六年ぶりにジャラールに再会した。この日もプレスと大きく書かれたベストを着たカメラマンが撃《う》たれ、中《ちゅう》継車《けいしゃ》にも容赦《ようしゃ》なく催涙弾《さいるいだん》が撃ち込まれた。

日々、途切《とぎ》れることなく現地からの情報を発信しているのは、彼らのような地元のジャーナリスト。近年以前にもましてイスラエル軍はジャーナリストへの弾圧《だんあつ》を強めている。

自動車修理工

●ターメル　▲ナーブルス　二〇一二年

ターメルとマンスール兄弟が営む自動車修理工場はナーブルスのモジャンマア（セルビス乗り場）のすぐそばにある。ふたりは、第二次インティファーダ（73ページ参照）のさなかにイスラエル軍兵士に射殺された叔父《おじ》さんからこの工場を受け継いだ。工場には叔父さんの写真が掲《かか》げてある。

町のあちこちで「殉教者《じゅんきょうしゃ》」★8の写真をみかける。色あせて剥《は》がれかけているものも多いが、新たに貼《は》られているものも少なくない。町はぐるりと入植地や軍事基地に囲まれている。大きな難民キャンプ★9もナーブルスの郊外《こうがい》にある。

ターメルもマンスールも、どこにでもいるごくふつうの青年だ。家族や婚約者《こんやくしゃ》の写真を、油で真っ黒に汚《よご》れた手で見せてくれる。彼らの身体にもイスラエル軍兵士に撃《う》たれて残る傷跡《きずあと》がある。「おれらが武装戦《ぶそうせん》闘員《とういん》★10に見える？　でも巻き込まれれば逃げ場もない。狙われれば撃たれて殺される。そのとき、その場に居合わせたというだけで。叔父さんもそうだったよ。パレスチナで生きるってこういうこと」という言葉が心に残った。

葉物野菜販売

●インムアタ　▲エルサレム　二〇一三年

毎朝早くからエルサレム旧市街の石畳の通りに座り、葉物野菜を売る。真冬の石畳は底冷えがする。一日中同じ姿勢で座りつづけているため、膝《ひざ》や腰《こし》に痛みを抱えている。それでもここに座りつづけるのは、一家の生活を支えるため。

夫や子どもたちが暮らす自宅には、週末だけ帰宅する。平日は、エルサレム旧市街にある家の、ベッドひとつだけが置かれた中庭の軒下《のきした》で、一泊《いっぱく》二〇シェケル（およそ六〇〇円）を払《はら》って寝泊《ねとま》りする。家族のなかで彼女《かのじょ》だけが「エルサレム居住権」を示すブルーのＩＤ（身分証）をもち、エルサレムを自由に訪問し、滞在《たいざい》できる。グリーンのＩＤ（西岸地区居住者を示す）をもつ家族には、それが許されていない。

二〇一八年、通りに彼女の姿はなかった。「引退して、ヘブロンの自宅で暮らしている」と聞いた。私は再会が叶わなかった寂《さび》しさよりも、むしろホッとした気持ちになった。

コーヒー屋台

●アラア　▲ナーブルス　二〇一八年

アラアと初めて出会ったのは二〇〇九年、彼がまだ中学生のころだった。ナーブルスの町かどで小さなコーヒー屋台を出す父親の手伝いで店に立っていたのが彼だった。

年月は流れ、二〇一八年に屋台を訪ねると父親のアブーアラアは不在だった。長男のアラアにこの屋台を譲《ゆず》り、自分はイスラエルの町に「出稼ぎ」に行き、週末しか家族のもとに戻ってこないという。

アラアは慣れた手つきでコーヒーを沸《わ》かして淹れてくれる。お代を渡《わた》そうとすると「あなたからはいただけません。父に叱《しか》られてしまいます。あなたは父の、うちの家族の大切なお客さんだから」と微笑《ほほえ》む。

小さな子どもが少年になり、少年が青年になる、そんな「当たり前」のことが、ときおりパレスチナでは「当たり前」ではなくなる。すっかり大人になったアラアの微笑みが胸にしみる。

「バンクシーホテル」のドアマン

▲ベツレヘム　二〇一八年

二〇一七年イギリスの覆面《ふくめん》アーティスト、バンクシーが分離壁[★11]のそばに「世界一眺めが悪いホテル、ザ・ウォールド・オフ・ホテル」をオープンさせた。ホテルの客室から眺められるのは分離壁。部屋にはバンクシーの作品がかざられている。分離壁のあるいくつかの場所で作品を描《えが》いてきたバンクシーは、パレスチナではとても人気がある。

地域では約五〇人の雇用《こよう》がこのホテルに関連して創出されたという。「ようこそ」とうやうやしくドアを開けながら微笑むドアマンもそんなひとり。役者のような演技がかった所作は、シニカルなコンセプトが光るホテルとてもよくマッチしていた。

ホテル付近の分離壁

トウモロコシ屋台

●サリーム　▲ジェニン　二〇一八年

わずかひと坪ほどの小さな屋台に客がひっきりなしにやって来る。サリームは友人で雇《やと》い主のローキーと交代で店に立つ。町中には同じような屋台がたくさん並んでいるのに、いつも行列ができているのはふたりの屋台だけだ。

大鍋《おおなべ》で茹《ゆ》でたトウモロコシにさまざまなスパイスを混ぜカップに入れて売る。いちばん小さなものでもLサイズくらいの大きさがある。ひとつ一〇シェケル（およそ三二〇円）で溢れそうなほど入っている。

「なんでこの店だけ行列ができるの？」とふたりにたずねると「おれたちがハンサムだからさ」とウィンクしてみせる。

夜七時ごろ屋台にすべての道具を載せてシートをかぶせてぐるぐる巻きにして店を閉め、ふたりとも歩いて一五分ほどの難民キャンプへ帰宅する。

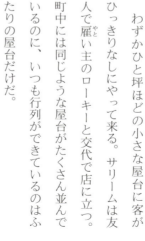

レストラン店員

●ムハンマド　▲ジェニン　二〇一八年

ジェニン難民キャンプで生まれ育った難民三世のムハンマドは、幼いころからいつもいっしょだった親友のマジドとともに「トロピカーナ」というレストランで働いていた。二〇一三年八月、マジドがイスラエル軍兵士に射殺された。親友とのたくさんの思い出が残る店で働きつづけることが辛《つら》くなり、彼は別のレストランに転職した。

「トロピカーナ」の名物はイチゴシェイクに果物やナッツやアイスクリームなどが載った「コクテイル（カクテル）」だった。ムハンマドは新たな職場で、同じ「コクテイル」を出すようになり、それは、この店の人気メニューとなった。

マジドが殺され、ムハンマドが周囲のひとに心を閉ざす時期がつづいた。五年たってようやく、ムハンマドに笑顔が戻りつつある。

入植地建設

▲ハルギロ入植地　二〇一一年

「奪《うば》われた自分たちの土地に造られる入植地の建設作業員になるのがどういう気持ちか想像できるか？　ロシアやフランスからやって来る、この土地に縁《えん》もゆかりもない人間が暮らす住宅を建設するのに、おれたちの労働力が使われる。でも、ほかに仕事がない。こんなに最悪なことはない。でもおれは家族にパンを買って帰らなきゃいけないんだ」と、ため息をつきながら、セメントがこびりついたカサカサの手で煙草《たばこ》をもみ消す。

入植地の建設は国際法違反《いはん》だが、現在も新たな計画、着工が進められている。東エルサレムと西岸地区に住む入植者は六〇万人を超《こ》えるといわれている。皮肉なことに、その建設には多くのパレスチナ人作業員が従事している。

労働許可証が発行された正規の労働者は、検問所の通行、イスラエル領内や入植地への立ち入りが許可される。基本的には、賃金や労働災害などへの補償《ほしょう》もイスラエルの法が適用される。労働許可証のない非正規の労働者は、賃金などにかんしていっさいイスラエルの法は守られず、許可証がないと検問所の通行も不可能なため、分離壁やフェンスをよじ登る、センサーや電流のないところを抜《ぬ》ける、夜間は建設現場などに「不法滞在《ふほうたいざい》」するなどして従事する。雇い主も違法であることは承知しているが、安い賃金で使えるので黙認《もくにん》していることも多い。

二〇年近く非正規の建設労働者として働いてきた男性は「おれには選択肢がなかった。せめて子どもたちにはマシな人生を送ってほしい」と話した。

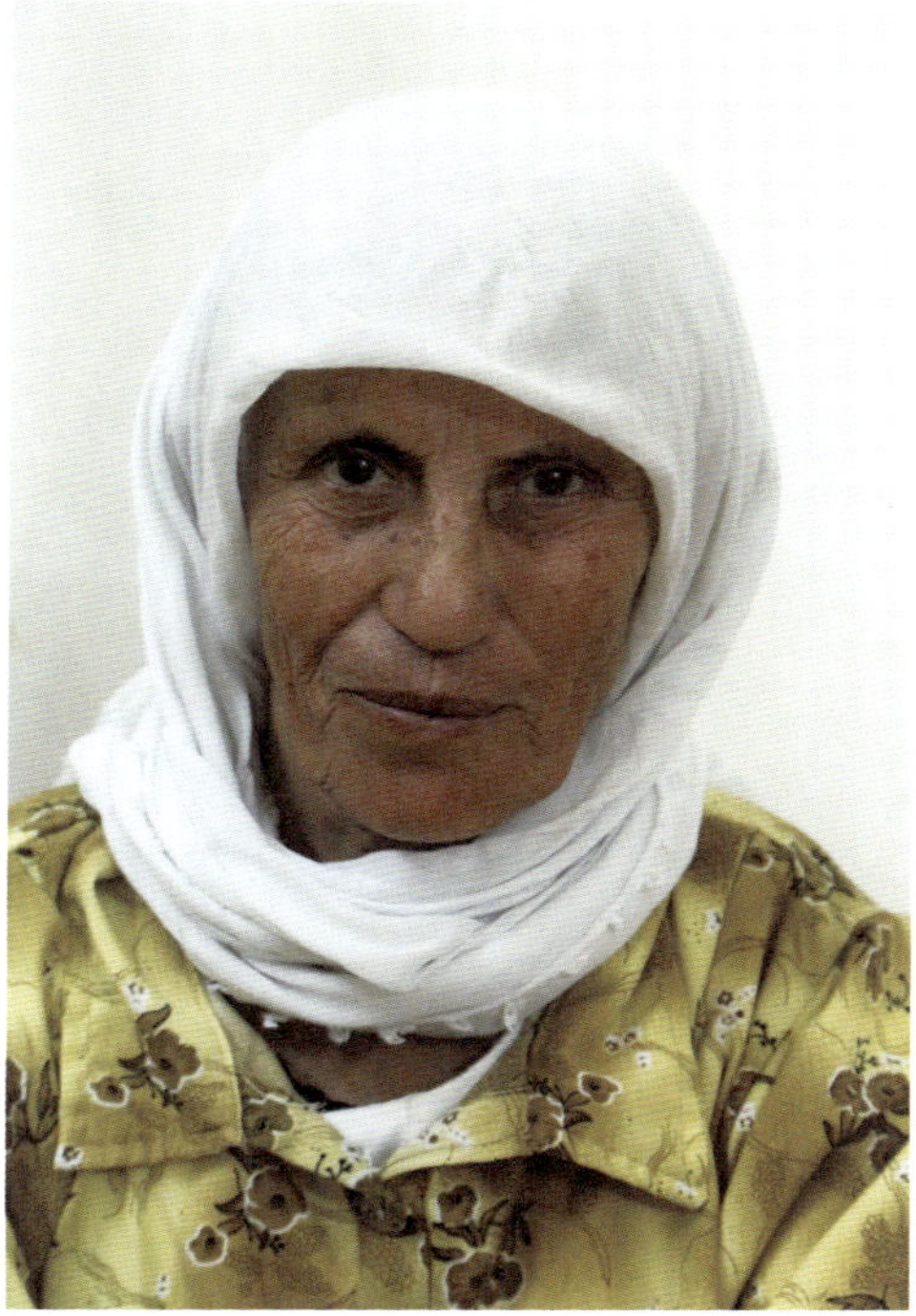

出稼ぎ農場労働者

●インムガーゼ　▲ジェニン難民キャンプ　二〇一三年

インムガーゼはズタ袋《ぶくろ》を抱えて私の居候先アワード家にきまって夕方あらわれる。「使えるものがあればと思い、勤務先のひとにもらってきた」と、使い古した靴《くつ》やカバン、子ども服などが持ち込まれる。

毎朝三時に家を出て、イスラエルの農場に「出稼ぎ」に行く。そんな生活をもう十年以上つづけている。同僚《どうりょう》には東南アジアなどから来た外国人労働者[★12]も多いという。私に声をかけるときも彼女はいつもの癖《くせ》でヘブライ語が出る。

彼女のもつ労働・通行許可証では、イスラエル内での移動は検問所から勤務先の往復しか許されていない。「勤務先のそばに父や祖父母の故郷があるけれど、行ったことがない」と彼女は話した。もし立ち寄って、そのあいだに検問などで違反が発覚すれば、労働許可証、すなわち収入を失うことになる。「黙《だま》って働くより仕方ない」と彼女は言う。

「またなにかもらったら持ってくるね」。インムガーゼはお茶を一杯《いっぱい》だけ飲み、立ち上がる。「夕飯をいっしょに」と引き止めるが、「もうヘトヘト。明日も朝が早いから」としわがれ声でつぶやいて玄関《げんかん》に向かう。彼女の残していった服やカバンを眺《なが》めながら、難民キャンプでは「困ったときはお互《たが》いさま」の精神が根づいていると感じる。

家畜小屋づくり

●アブーアリー ▲ジェニン難民キャンプ 二〇一四年

「セメントの分量が少なすぎる。もう少し水を減らせ。砂が多いぞ。スコップでかき混ぜる感触《かんしょく》で適量をおぼえるんだ」と、アブーアリーの指示が飛ぶ。本職でも建設工事現場で働く彼のリーダーシップのもと、難民キャンプのアワード家では家畜小屋をつくるための裏庭の地ならしと埋《う》め立てがはじまった。

できるだけ土台が平らになるよう、砂利や、足りない分は大きくて丈夫《じょうぶ》なゴミまで材料にする。その上に廃材《はいざい》の鉄筋を載せて土台をつくる準備をする。最後に、裏庭に転がっていた木切れを使ってアブーアリーは器用にセメントを敷《し》き詰め、ならしていく。

自分の仕事が終わったあと、進み具合が気になるのか、毎日のように顔を出して作業を見守る。そして、せっかく家に帰ってシャワーを浴びてきれいな服に着替《きが》えてきたのに、みんなの手際の悪さを見るに見かねて、結局、「ああ、もう見ていられない。おれに長靴貸して」と作業に参加することになる。

トマト農場　▲ジェニン　2012年

マハと仕事

▲ジェニン難民キャンプ

ジェニン難民キャンプは、二〇〇二年、大規模なイスラエル軍の軍事侵攻《しんこう》を受けた。夫のイマードは尋問《じんもん》の際に受けた暴行、拷問《ごうもん》がきっかけで体調を崩《くず》すようになり、マハは夫と六人の子どもを養うために日雇いの農作業に従事するようになった。

二〇一一年、私が初めて一家に出会ったころ、一家はその日のパンを買うにも困るような経済状況に置かれていることが多かった。居候《いそうろう》の私は、マハといっしょにトマト農場の作業に従事した。高温多湿《たしつ》のビニールハウスのなかでトマトの葉の剪定、実の収穫、落ちてしまったつるを結びなおす作業の日々がつづくと、私たちはふたりとも首がまわらず、腕《うで》が上がらなくなり、高熱を出してしまった。

二〇一三年、イマードは四〇代半ばで他界した。晩年は寝《ね》たきりの状態で、立ち上がることもしゃべることもできなかった。この時期は、収穫が終わったあとのオリーブ畑で、土地の持ち主の厚意により、落ちて干からびて油もほとんどとれない商品価値のない実を拾わせてもらう作業がつづいた。炎天下《えんてんか》、地表のとげに刺されながら一日中地べたに這《は》いつくばって拾っても、ふたりで二三シェケル（およそ六九〇円）にしかならない日もあった。

二〇一四年に再訪すると、この時期は農

場の草取りの仕事をしていた。朝食休憩《きゅうけい》の三〇分を除いてほとんど休憩も取らずに、一日中、草を取りつづけた。この仕事の賃金は五〇シェケル（およそ一五〇〇円）だった。「小学校しか出ていない私には、ほかに選べる仕事もない。弱音を吐《は》いても、愚痴《ぐち》っても、誰《だれ》かが食わせてくれるわけでもない。人生は神様が私に与えた〝試験〟のようなもの」と、マハは手に持った鎌《かま》を動かしつづけた。

農村であれば、厳しい暮らしのなかでも少なくとも耕す畑があり、食べ物をまかない、実をつける木々や所有する家畜からその恵《めぐ》みを受けることができる。しかし、難民であるということは、そういうことから切り離された暮らしなのだということを、日雇いの農作業やオリーブの実を拾う「仕事」で学んだ。

二〇一八年、マハは学生寮《りょう》の清掃《せいそう》の仕事を得ていた。学期が終わると学生たちは学生寮を退居してそれぞれの地元に戻る。それらの部屋のゴミ出しと清掃が仕事。大きなリビングルームと、ダブルベッドが三つも置けるような広いベッドルームと、キッチンとバスの清掃は半日がかり。この日の賃金は八〇シェケル（およそ二五六〇円）。部屋の広さなどに応じて額が決まる。

マハの「雇い主」である金銭的に余裕《よゆう》がある学生たちは、まるでいまにも学生寮に帰宅するのではないかと思えるほど、クローゼットの中には衣類、冷蔵庫の中には肉や野菜や冷凍《れいとう》食品などを残していく。まだタグが付いたままの新品のジーンズを残していった学生もいた。洗剤《せんざい》、シャンプー、香水《こうすい》などの日用品はもちろん、油、オリーブオイル、オリーブの実、紅茶、塩、砂糖、調味料にいたるまですべてをそっくり残していく。数か月だけ使用した、新品に近いありとあらゆるものが退居の際に「自分で捨てることすら面倒《めんどう》くさい」という理由でゴミとして残される。そのうえ、学生に飼われていた猫が、それらの「ゴミ」とともに部屋に放置されていたのをみつけたときはパレスチナのなかのひどい歪《ゆが》み、壊《こわ》れた人心、社会を垣間《かいま》見た気がした。幸いまだ学生が退居して数日だったので、猫の命が消える前に救い出すことができた。

マハは管理人に確認して、まだ使えるものはすべて持ち帰った。自分で使わないものは隣人《りんじん》や友人に配った。冷蔵庫の残り物が、アワード家の夕食になることも少なくなかった。

「こんな光景を毎日見せつけられていると、お金や人間の幸せってなんだろうと思ってしまう。私にはお金はないけれど、日々ご飯を食べられて、屋根のある家で眠《ねむ》ることができて、子どもたちも孫たちも元気でいる。それで十分だし、そのことを神様に感謝する。いくらお金があっても、こんな虚《むな》しい使い方しかできなかったり、いま目の前にあるものを大切にしたり、そのことに感謝の気持ちも抱《いだ》けないのであれば、幸せとは言えないね」とマハが言う。

オリーブ拾い　▲ラミーン　2013年

学生寮清掃　▲ジェニン郊外　2018年

《前ページ》
（右上）肉屋　▲ナーブルス　2014 年
（右下）パン屋　▲ナーブルス　2011 年
（左上）収穫したオリーブを運ぶ　●ネジュメ　▲ラミーン　2013 年
（左下）パン屋　▲ナーブルス　2018 年
《このページ》
（右上）くだもの屋　▲ラマッラー　2009 年
（右中）自宅のかまどでパンを焼く　▲ブルカ　2012 年
（右下）八百屋　▲ジェニン　2018 年
（左上）オリーブの収穫　●アブーアベド　▲クフルマーリク　2014 年
（左下）マラミーヤ（セージ）売り　▲カルキリヤ　2009 年

パレスチナから届いている製品たち
左後ろから時計まわりに、ポシェット、トートリュック、三角リュック、花柄パース、オリーブ石けん、オリーブオイル、ザアタル

パレスチナ地域の人たちとの仕事

皆川万葉

シンディアナのオリーブ林。オリーブのあいだにあるのは収穫間近の小麦　2016年

パレスチナ・オリーブは、パレスチナ北部のガリラヤ地方（1949年からイスラエル領）の「ガリラヤのシンディアナ」からオリーブオイルなどの食品を、ヨルダン川西岸地区（パレスチナ自治区）ナーブルスの石けん工場からオリーブ石けんを、同じくイドナ村女性組合から刺繍《ししゅう》製品をフェアトレードで輸入、販売しています。ここで働く人たちは私にとって、20年以上の友人であり「ビジネスパートナー」です。

ガリラヤのシンディアナ

パレスチナのオリーブオイル

オリーブオイルは、日本でもすっかり定着してきました。みなさん、おいしくて健康にいいイメージをもっているのではないでしょうか。でも、オリーブオイルといえばイタリアのイメージが強いようで「パレスチナのオリーブオイル」というと「パレスチナにもオリーブあるの?」ときかれることもたびたびです。

オリーブの原産地は中東。六〇〇〇年ほど前から地中海東沿岸地域で栽培《さいばい》されていたと言われ、そこからギリシャ・イタリアにも広がっていきました。現在は生産量ではスペインが世界一です。地中海の青い空! 緑のオリーブ林! は、イタリアの風景だけではなく、パレスチナの風景でもあるのです。

オリーブオイルは昔から食用、ランプの燃料、薬用、美容などさまざまに使われてきました。パレスチナ地域では、農家ではなくても、村に住む人たちは代々受け継《つ》がれてきたオリーブの木をもっています。村の一画にオリーブ林が広がっていることが多いです。パレスチナの人たちにとって、オリーブの木は土地とのつながりを象徴《しょうちょう》するもので、抵抗《ていこう》の象徴としても詩歌や絵画に描《えが》かれています。故郷を追われた人たちは、先祖代々のオリーブの木も失ったのです。

かかわりのきっかけ

一九九七年に、岡田剛士さんが出していたミニコミ誌「中東・パレスチナ翻訳《ほんやく》資料集（ちゅんぽん!）」の記事を読んだのが、私の人生のターニングポイントでした。それは「（オリーブオイルのプロジェクトのため）『ガリラヤのシンディアナ』（以下、シンディアナ）を立ち上げた。フェアトレードでの販売《はんばい》先を探している」というchallenge の記事★13の翻訳でした。シンディアナに連絡《れんらく》して九八年五月にテスト輸入のオリーブオイルが届きました。初めてシンディアナを訪問したのは九九年一月です。そのころはマジダ・ル・クルム村に事務所・加工場がありました。

そのオリーブオイルの風味に感動しましたし、「ユダヤ人もパレスチナ人も男性も女性もみんなが平等で対等な社会を目指す。イスラエル社会・国家が変わらなければパレスチナとの対等な関係は築けない。オスロ合意は解決をもたらさない」という考え方にも、なるほど、と思いました。

それから二〇年以上、私は本当に多くのことをシンディアナの活動やスタッフから学んでいます。

それまで、日本の大学院で研究者を目指して勉強していた私ですが、外から見るのではなくいっしょになにかしたいという気持ちが強くなり、このオリーブオイルのフェアトレードを仕事としてやっていきたいと思いました。最初は市民活動の延長でシンディアナに連絡を取りましたが、生産者団体にとっては、ある程度の規模で継続《けいぞく》的に取引することが大切で、仕事として取り組む必要があるということはすぐにわかりました。

シンディアナについて

シンディアナのオリーブオイルは、主に、二つの契約《けいやく》農家さんグループからの買い入れと二か所のシンディアナのプロジェクト林のオリーブオイルです。立ち上げメンバーであるデイル・ハンナ村のアベッドさんは、オリーブ栽培をしながら農業学校の先生をしています。アーラ村のムギーラさんは農業アドバイザーを兼業《けんぎょう》しています。農業だけでは食べていけないのです。二人とも、このままではイスラエル内のアラブ・パレスチナ人の農業はどんどん衰退《すいたい》してしまうという危機感をもっていました。衰退を止めるには近代的な有機農法で、高品質なオリーブオイルを作ることを目指していくしかない、という思いがあったのです。

シンディアナの立ち上げスタッフのハダスさん（ユダヤ女性）とサーミヤさん（アラブ・パレスチナ女性）は、一九九二年にマジダ・ル・クルム村に、母親学校などの活動をおこなうアル・バカー・センターをつくりました。社会を変えていくには、女性たちが力をつけることが大事だと考えたからです。しかし、パレスチナ女性の仕事が減っていくなかで、教育・文化活動だけでは不十分だ、具体的な女性たちの仕事づくりも必要だと思うようになりました（九〇年代以降、女性たちが働いていたイスラエルの縫製工場などが労働コストの安い海外に移転する一方、イスラエル内には外国人労働者が増えました）。

　そこで地域に根ざした作物であるオリーブを生かそうと考えました。高品質なオリーブオイルを製造・販売することで地域を活性化しよう、ボトル詰《つ》め作業などで女性たちの仕事をつくろう、という目的で団体がつくられました。

　現在はシンディアナの事務所・加工場は、コフル・カナ村にあり、作業チーム、運営スタッフなど約一五人が働いています。オリーブやザアタル（ハーブ）などの栽培にかかわる生産者は約五〇世帯です。

土地と水

　イスラエル建国前後から現在まで、アラブ・パレスチナの人びとの土地・農地は奪《うば》われつづけ、水の利用が制限されてきました。広大な土地で十分灌漑《かんがい》されたユダヤ人の農場（キブツ）★14と、アラブ・パレスチナ人の小規模な畑は見ただけではっきりと違《ちが》います（それでも、アベッドさんのオリーブ林を最初に見たときには、「手入れのされ方がほかのオリーブ林とまったく違う、美しい！」と感動しました）。

　また、以前は、ユダヤ人の農場では、アラブ・パレスチナ人やヨルダン川西岸地区から出稼《でかせ》ぎに来ているパレスチナ人が働いていましたが、現在はタイなどアジアからの外国人労働者も多く働いています。

　オリーブは、春から初夏にかけて一センチ弱の小さな白い花をつけます。それから少しずつ実が大きくなって、一〇月下旬《げじゅん》～一二月に収穫《しゅうかく》します。実は熟すにつれ緑色から黒色に変化し油分が増していきますが、熟しすぎると風味が悪くなるので、収穫のタイミングも重要です。また、自家用のオリーブを収穫するときは、オリーブの実を棒でバンバン叩《たた》いて落とす人が多いですが、棒でたたくと実に傷がついて酸化が進むため、シンディアナのオリーブは一粒《ひとつぶ》一粒手摘《づ》みで収穫されています。そして酸化を防ぐため収穫後二四時間以内にオリーブを搾《しぼ》ってオリーブオイルにします。この時期、圧搾《あっさく》工場は二四時間フル稼働《かどう》します。

　オリーブは、畑によって育てている品種や味わいが違うため、畑・品種ごとに搾り、温度管理されたシンディアナの加工場で別々のタンクで保管されます。

こんなふうに大事につくられたオリーブオイルなので風味が豊か、シンディアナのオリーブオイルは各地の国際コンペティションでも入賞しています。野菜を切ってこのオリーブオイルと塩をかけるだけで贅沢《ぜいたく》で豊かな食事になります。目玉焼きでも炒《いた》めものでもこれを使うだけでおいしくなり、料理の腕《うで》があがった気になれます。

ヨルダン川西岸地区と接しているのがワディ・アーラ地方で、多くのアラブ・パレスチナの村があります。分離壁《ぶんりへき》ができる前はヨルダン川西岸地区と日常的に行き来がありましたが、難しくなりました。

2011年1月、植樹して9か月のロハ地域のオリーブ林

このワディ・アーラ地方にあるアーラ村の郊外《こうがい》にあるロハ地域は、軍事演習地にするということで一九四八年にイスラエル側が村人から土地を取り上げましたが、長く使われていませんでした。村人たちは土地を返して欲しいと長年裁判を闘《たたか》って、とうとう土地を取り戻《もど》しました。広々とした丘《おか》で気持ちよく、春にはアネモネなど野生の草花が一面に咲《さ》いていてとても美しいところです。この場所で地権者とシンディアナが共同プロジェクトをはじめました。二〇〇九年からみんなで荒《あれ》地《ち》を整備して、二〇一〇年三月の「土地の日」[★15]イベントのときに、ボランティアなど二〇〇人が参加して約三〇〇〇本のオリーブの苗木《なえぎ》を植えました。

このあたりには地下に豊富な水があり、イスラエル建国前は小麦やタバコ、綿花も作られていました。いまもプロジェクト林近くにわき水がありますし、地下を掘《ほ》れば水も出ます。しかし、深い井戸《いど》を掘ったり、水の施設《しせつ》を作ることはイスラエル政府に禁じられているのです。ロハ地域のオリーブ林の灌漑用には数キロメートル離《はな》れた村から水道を引いたのですが、この許可を取るのにも一年かかりました。イスラエルはリサイクル水の利用率が世界一で、ユダヤ人の農場では農業用水のほとんどを安価なリサイクル水でまかなっていますが、ここでは村から水道水を引いているので、コストもかかります。

作業チームのメンバー

オリーブオイルのボトル詰めやザアタルのびん詰めなど工場で出荷作業をしているのは、ほぼ四〇代の女性たち五人です。チーフは、シンディアナで働いて一〇年になるモナさん。ほかのメンバーもほぼ五年以上になります。

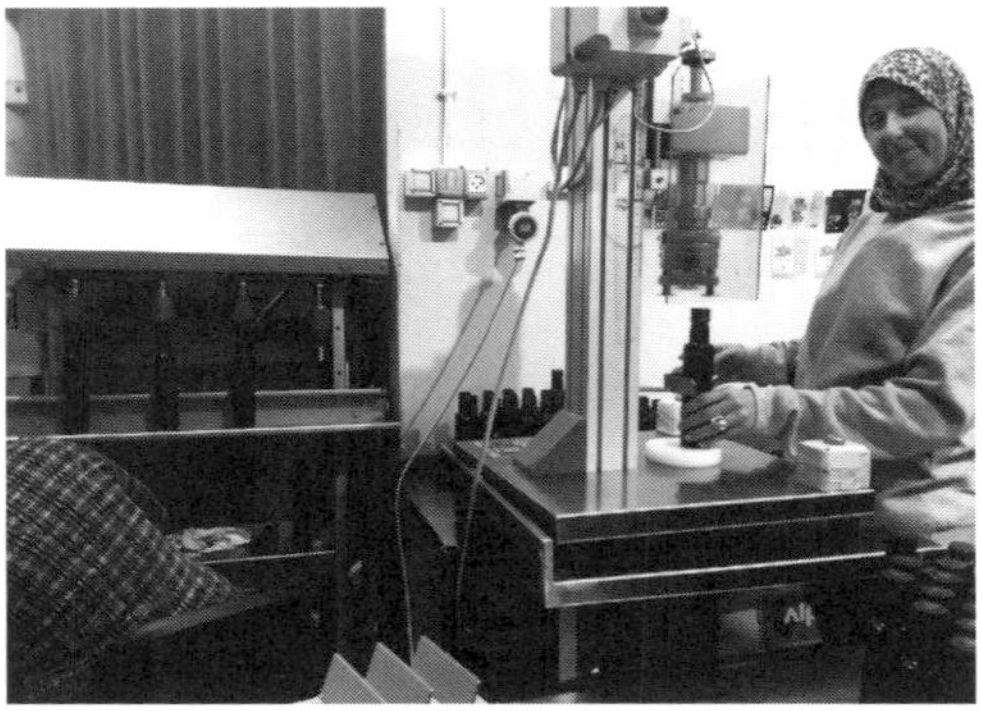
シンディアナの加工場。フタしめ作業をしているシュリーンさん

ベルトコンベアの上をガラスびんが動いてオリーブオイルがボトル詰めされていくわけではありません。

「ナスリーンさんがタンクからつながる管を通ってくるオリーブオイルをボトルに入れて、シュリーンさんが機械でフタをしめ、ワフィーエさんがフタにカバーをかけて、機械でカバーを圧縮してラベル貼《は》り。それをアイーシャさんがチェックして段ボールに入れる。その段ボールをパレット（輸出用の木の板）の上に重ねていく。パレットごと段ボール全体を崩《くず》れないようにビニールで覆《おお》っていく」というような人による流れ作業。息がぴったりのチームワークです。

モナさんは近隣《きんりん》の村の出身で、結婚《けっこん》してコフル・カナ村に来ました。高校を出たあとにカレッジで学び、ナザレで働きましたが、結婚で仕事をやめていました。ワフィーエさんは縫製《ほうせい》工場で、シュリーンさんは野菜市場で働いていました。アイーシャさんは六人の子どもがいて、これまで働いたことはありませんでした。

モナさんには四人の子どもがいますが、大学生の長女は、「お母さんが働いて自信をもってイキイキしているのは、私たちにもよいこと。家族が明るい感じ。お父さんも私たちも喜んでいる」と話していました。

夫たちの仕事は建築作業員や内装工事などです。テルアビブなどユダヤ人の都市の建築作業にあたることが多いのですが、遠くて時間も交通費もかかるので、週末だけガリラヤに戻ってきます。ただ、建設現場ごとの雇用《こよう》になるので、数か月働いて、数か月仕事がなくて、また数か月働いて……という状況《じょうきょう》です。そして、建設現場もアラブ・パレスチナ人ではなく中国などからの外国人労働者の雇用が増えています。また、アラブ・パレスチナ人がユダヤ人の町や都市で働くとき、ハイテクやセキュリティにかんする仕事、電力・水道など基幹産業の仕事に就くことは制限されています。

一方、アラブ・パレスチナ人の地域に大きな工場をつくることも、大型のショッピングモールをつくることも禁止されています。ユダヤ人の町に働きに行って、ユダヤ人の町で買い物をする……という生活をせざるを得ません。アラブ・パレスチナの村には小さな商店しかないのです。

イスラエル内で、ユダヤ人の都市・町とアラブ・パレスチナ人の町・村とははっきり分かれています。ユダヤ人の町を行き来する公共交通機関は、電車・バス・路面電車があり、さらにここ数年電車の路線が増えて、ますます便利になっています。また、たいていの人は車をもっています。でも、イスラエル内のアラブ・パレスチナ人の村や町を行き来するには、公共交通機関がほとんどなくてとても不便です。車も高価でみんながもっているというわけではありませんが必要なので、親族・友人知人で借りたり乗り合わせたりしています。

運営スタッフのメンバー

ガリラヤのシンディアナは、運営スタッフも一人をのぞいて全員女性です。ユダヤ人スタッフとアラブ・パレスチナ人スタッフがいっしょに働いています。

代表のハダスさんはユダヤ系イスラエル女性。長年の平和活動家です。一九五三年キブツで生まれ、ハダスさんが大学生のときに、一九七六年の「土地の日」事件が起きました。ハダスさんはこのときに、政府の言う「イスラエルはすべての市民にとっての民主主義国家」というのがウソだとはっきりわかったそうです。そして、キブツを離れ、政治やジェンダーにかかわる活動をはじめました。その後、市民メディアでライターとして働きましたが、第一次インティファーダ（73ページ参照）期の一九八八年にその新聞はイスラエル政府によって廃刊《はいかん》にされ、夫など四人の同僚《どうりょう》はパレスチナ人の組織と不法に接触《せっしょく》したという理由で告訴《こくそ》され投獄《とうごく》されました。ハダスさんも二週間の尋問《じんもん》を受けたそうです。

シンディアナ事務所。奥《おく》にいるのがラヘルさん

一九九二年、ハダスさんはサーミヤさんたちとアル・バカー・センターを設立し、それがシンディアナにつながっていきました。

サーミヤさんはマジダ・ル・クルム村出身のアラブ・パレスチナ女性で八人兄弟姉妹、高校卒業後、近くのユダヤ人の町カルミエールの縫製工場で働いてお金を貯めて、大学に行きました★16。そして三年間、村の小学校の先生をしたあとにアル・バカー・センターのスタッフになりました。小中学校の生徒に放課後授業をしたり、労働者に法的アドバイスをしたり、女性向けに絵画、コンピューターその他のコースをつくったり、サマーキャンプをしたり、農家にオリーブの苗木を配付したり、さまざまなことをしていました。初期の活動を引っ張ってきたリーダーのサーミヤさんは、フルタイムスタッフはやめていますが、いまもかかわっています。

ビジターセンター

　二〇一五年に事務所・加工場のある建物の上階にビジターセンターをつくりました。ここでは訪問客がオリーブオイルなどシンディアナの製品を買えるほか、活動について聞く、アラブ料理を食べる、オリーブオイルのテイスティング、ナツメヤシの枝でカゴを編むなど、スタッフたちといっしょに体験ができるプログラムがあります。

　コフル・カナ村はナザレに近いクリスチャン（キリスト教徒）とムスリム（イスラーム教徒）が暮らすアラブ・パレスチナ人の村で、聖書の「カナの奇跡《きせき》」の場所として有名で巡礼《じゅんれい》・観光のツアー客が絶えません。しかしツアー客は教会に行くだけで、町や村を歩いたりご飯を食べたり泊《と》まったりはせず、ユダヤ側の町に向かいます。これは、コフル・カナに限ったことではなく、ナザレやヨルダン川西岸地区のエルサレム、ベツレヘムなどでもいえることです。そこでシンディアナは、国内外からのツアー客にもビジターセンターに寄ってもらえるように旅行会社や村の観光協会に働きかけてきました。観光シーズンには、週に数回ツアー客が訪れるようになったそうです。

　シンディアナのユダヤ人スタッフのラヘルさんは、「ユダヤ人とアラブ人は協力できる」「いっしょのチームだ」と示せることがビジターセンターの重要な点だと話していました。また、「ユダヤ人、アラブ人、宗教的な人、非宗教的な人、クリスチャン、ムスリム……と、この小さな事務所の中に多様性がつまっていて、それぞれのスタッフにそれぞれの背景がある」と言います。ラヘルさんは、二〇〇五年ごろには分離壁抗議行動で知られるヨルダン川西岸地区のビリン村や、ヨルダン渓谷《けいこく》に通っていました。抗議行動に参加するためというより、そこで知り合ったビリン村のパレスチナの友人とその家族を訪ねるというかかわり方でした。その後、シンディアナで働きはじめました。

労働組合マアン

　フェアトレードで仕事をつくっていくことは大

事ですが、そこで働く人の人数は限られます。売れる分以上に商品をつくるわけにはいかないのです。「いちばんたいへんなのはマーケティングだね」と、シンディアナのスタッフも石けん工場のスタッフも私も、苦労しています。

そして、水利施設や大きな工場、ショッピングモールの建設許可が出ないなど、差別的な制限があるなかでアラブ・パレスチナの経済を発展させることには限界があります（制限を撤廃《てっぱい》すべきなのは言うまでもありません）。多数のアラブ・パレスチナ人は、ユダヤ人の農場や建築現場、お店やレストラン、清掃《せいそう》などのサービス現場で、最低賃金も守られず年金・労災などの社会保障もない労働条件・労働環境《かんきょう》で働いています。このため、シンディアナは、イスラエル内と東エルサレムのパレスチナ人労働者のための労働組合であるマアンと連携《れんけい》して活動しています。

マアンは、九〇年代末に設立され、労働組合としてユダヤ人の建設会社や農場と交渉《こうしょう》し、ときにはストライキもおこなって、きちんとした条件でイスラエル内のアラブ・パレスチナ人、東エルサレムのパレスチナ人の仕事を獲得《かくとく》しています。

マアンは、ハイファや、バーカ・ル・ガルビーヤ村（ワディ・アーラ地方）、東エルサレムなどに事務所があります。

バーカ・ル・ガルビーヤ村事務所では、女性の仕事の獲得だけでなく、さまざまな活動をおこなっています。「カゴ編みコースは人気で順番待ち、ヨガも喜ばれた、絵画コースもある」「女性がリラックスする場が必要、それによって積極的なエネルギーをもてる」とスタッフのアマーニさん（アラブ・パレスチナ女性）が話してくれました。

もう一人のスタッフ、ワファさん（アラブ・パレスチナ女性）はスタッフとして働いて一〇年以上、明るく頼《たよ》りがいがあってみんなをまとめています。ワファさんは「きちんとした条件・賃金で働くことは、働く人自身が、自分のこと・自分の労働に価値があると思えるようになる」と言います。最低賃金の半分しかもらえない、人として尊重されていない状況では、自分の価値が半分のような気持ちになってしまうということです。

マアンの事務所。手前左がマアンのワファさん、右がシンディアナのハダスさん（奥に座っているのは相談者とスタッフ）

マウザさんの話

マアンを通じて仕事を得た、バーカ・ル・ガルビーヤ村に近いヤマ村のマウザさんに招かれておいしいご飯をいただく機会が何度かあり、お話をうかがいました。

　マウザさんは、分離壁の向こう側、ヨルダン川西岸地区の村出身で一九歳《さい》のときにヤマ村の人と結婚してイスラエル側のアラブ・パレスチナの村に移り住みました。五人の子どもがいるお母さんです。

　六年前にマウザさんの夫が病気で働けなくなり、マウザさんがユダヤ人の農場や掃除《そうじ》の仕事をはじめました。遠方のユダヤ人の町に働きに行く交通手段もないし、いい仕事もなかったのですが、その後、マアンを通じてテルアビブのカレッジの掃除の職を得て、五人の女性たちで車を乗り合わせて通っています。朝四時にヤマ村を出て五時から一三時まで仕事。「給料もよくて短時間で、こんな好条件で働いている人たちはほかにはいない。本当にラッキーだ。これがいい例になればいい」と話していました。けれど、片道一時間の通勤で、朝四時に出発してから八時間労働というのは、子育てをしながらの暮らしのなかでは決して楽なことではないはず、と思います。

　マウザさんの夫は次男といっしょに自給用の小さな畑を耕し、小さな小屋でヒツジ・ウシ・ロバ・ウサギ・ニワトリ・ハトを飼っています。「妻の稼ぎはおれの二倍だ！」と笑っていました。

　話を聞いたどの家族も、お母さんに仕事があって元気なところは、あれこれうまくまわっていて家族も明るい、と感じます。

もちろん、冬の寒い日でもいつでも、毎日朝四時から働きに出るマウザさんのがんばりがあってのことですね。「冬の朝は寒くてたいへんでしょう?」ときいたら「掃除の仕事で一生懸命《けんめい》動くのですぐに体が温まる」と言っていました。

ともに働く、ともに生きる

シンディアナやマアンのユダヤ人スタッフは「ユダヤ人もパレスチナ人も男性も女性も平等に暮らせる社会を目指す」つまり、ユダヤ人が優位にあるイスラエルのあり方自体を変えないといけない、と考える「反シオニスト」です。ユダヤ人が多数の国であることにもこだわらないので、パレスチナ難民が故郷（現イスラエル）に帰還《きかん》する権利も支持します。しかし、このように考える人たちはユダヤ系イスラエル人の左派（「和平」派）のなかでもごく少数です。

また、シンディアナやマアンのユダヤ人スタッフは、アラビア語を話します。マアンのエルサレム事務所で働くヨアブさん（ユダヤ男性）は、スタッフになってアラビア語を学んだことは自分の世界を広げた、と話していました。

現在、ユダヤ系イスラエル人が話す言葉はヘブライ語です。現代ヘブライ語は、古語である聖書ヘブライ語をもとに二〇世紀に日常語として作られました。イスラエルの公用語はヘブライ語とアラビア語でしたが、二〇一八年、ネタニヤフ政権はアラビア語を公用語から外しました。イスラエル内のパレスチナ人は、家庭でも学校でもアラビア語で話しますが、学校では第二言語としてヘブライ語を学びます。一方、ユダヤ系イスラエル人でアラビア語を話せる人はほとんどいません。

そして、シンディアナやマアンのユダヤ人スタッフは予備役についていませんし、スタッフの子どもたちも自分の意思で兵役を拒否《きょひ》しています。

ユダヤ系イスラエル人の若者は、高校卒業後、男性は三年、女性は一年九か月の兵役があり、その後も三五歳まで年に一か月予備役につきます（徴兵制《ちょうへいせい》）。兵役終了《しゅうりょう》後も予備役兵として訓練・任務をおこない、有事（戦時）には兵士として徴集されるのです。[★17]

イスラエルでは、自分の信念として兵役を拒否する良心的兵役拒否は認められておらず、拒否した場合は軍に審問されます。シンディアナのスタッフ、ハダスさんの娘《むすめ》も兵役を拒否して一か月ほど収監《しゅうかん》されました。ユダヤ女性は大した目にはあわないだろうと思っていても、その間は心配だったそうです。

兵役拒否には、特定の軍事攻撃《こうげき》・任務を拒否する軍務拒否と、すべての軍務を拒否する兵役拒否があります。軍務拒否の場合は、兵役・軍隊それ自体は認めるけれど侵略でしかない軍事攻撃には参加しない、防衛は必要だけれど占領《せんりょう》には反対なのでガザ地区・ヨルダン川西岸地区での軍務にはつかない、というような考え方です。

ハダスさんの弟は、一九八二年のレバノン攻撃のときに軍務拒否しましたが、その後予備役はつづけていたそうです。兵役・予備役の兵士の任務の一つが検問です。検問所では、イスラエル兵がパレスチナ人のＩＤ（身分証）や許可証をチェックして通行の許可・不許可を決めます。あるとき、ハダスさんの弟が検問所で当番をしていたら、シンディアナのメンバーで農家のアベッドさんが検問の列に並んでいたそうです。家族ぐるみのつきあいをしているアベッドさんに「ＩＤを見せろ、行け（通っていい）」というようなことを高圧的に言うのは恥《は》ずかしいので待機小屋に隠《かく》れました。その後一度も予備役には行っていません。

近年は、軍事的な攻撃だけではなく、イスラエル人によるパレスチナ人に対するヘイトスピーチ、ヘイトクライム（特定の民族・宗教・性別・性的指向などへの憎悪《ぞうお》を表す差別的・暴力的な発言・言説／犯罪）も、これまで以上に目立っています。「パレスチナ人は死ね」「（イスラエル人）左派は死ね」というようなデモがあったり、ユダヤ人の乗客が「タクシードライバーがユダヤ人であるかどうか」を確認したり（つまり、パレスチナ人ドライバーのタクシーには乗らないということ）。ヨルダン川西岸地区では、イスラエル人入植者によるパレスチナ人への暴力もひどくなっています。オリーブの木を引き抜《ぬ》く、自動車を壊《こわ》すほか、民家に放火する（赤ちゃんを含《ふく》む家族が焼死）、少年を誘拐《ゆうかい》して焼き殺す、などのむごい事件が起きています。入植者は銃《じゅう》による武装が認められており、イスラエル軍も入植者の暴力を黙認《もくにん》しています。これらの犯罪はパレスチナ自治政府が裁くことはできず、イスラエルの司法で処罰《しょばつ》されるのですが、なにかしらの理由をつけて重い処罰にならないことが大半です。

　このような状況で、ユダヤ人スタッフもいるシンディアナ（やマアン）が活動しにくくないか尋《たず》ねたところ「外は緊張《きんちょう》が高いけれど、シンディアナの中は平和的」と言っていました。

　シンディアナやマアンで、ユダヤ人スタッフがパレスチナ地域の人びとにかかわる活動をしていることは、「対立しないで仲良くしよう」ということではなく、「不平等な状態である社会を変えていくため」です。

　ヨアブさんは大学生のときに世界の労働組合について勉強しました。貧困や政治的な問題を扱《あつか》うところで、パレスチナ人といっしょに働きたかったそうです。ボランティアを経て二〇一一年にマアンのスタッフになりました。「デモに行くだけではなく、具体的な取り組みのなかでパレスチナの人たちのためになにかいっしょにしたかった」。「たとえば、東エルサレム[★18]において家屋破壊《はかい》は目に見えやすい。でも、貧困によって東エルサレムを離れる人たちも多い。それを改善したい」と話していました。

　スタッフ以外でシンディアナにかかわるユダヤ系イスラエル人がみな同じ考えをもっているわけではありません。たとえば、オリーブオイルの風味の専門家[★19]のエフードさんは、政治的には保守的な考えをもっているそうです。それでも、オリーブオイルの仕事が好きで、シンディアナの事務所にアドバイスをしに来ます（ユダヤ系イスラエル人のなかには、偏見《へんけん》でアラブ・パレスチナの村に来ること自体を怖《こわ》がる人もいるのです）。いっしょに仕事をすることで、彼《かれ》のような「ふつう」のイスラエル人の考えが変わるといいな、と思います。

ナーブルス石けん工場

マジュタバさんの石けん工場

「いま、アジアで販売している国は、マレーシア、韓国……」。石けん工場主のマジュタバさんが懸命に売り込《こ》みに駆けまわり、そしてオリーブ石けんの品質が認められ、世界各国に少しずつ売り先を広げています。

約一五年前、ナーブルスの街中をイスラエル軍の戦車が走りまわり、間借りした小さな倉庫で石けんを作っていたころを思うと、隔世《かくせ》の感があります。工場がほとんど操業できないなかでも、マジュタバさんは「いろいろなオリーブ石けんを作り世界に販売していきたい」「すべての人が自分好みの石けんを見つけられるようにいろいろな種類の石けんを作りたい」と言っていましたが、当時の私は夢物語だと思っていました。

ナーブルス旧市街

出会い

二〇〇二年三月からヨルダン川西岸地区へのイスラエル軍の侵攻《しんこう》が激化、石けん工場のあるナーブルスも四月に激しい武力攻撃を受けました。

「ナーブルスではこの一〇日間に一五〇人が殺され一〇〇〇人が負傷した。大半が市民だ。道路も家も破壊されてしまった。とくに学校や工場は半分がなくなってしまった」「道路が分断され、町の外へ人が移動することもモノを移動させることもできない。この二か月間、ほかの町に行くことができないから、まったく石けんを売っていない。ジェニンからオリーブオイルを工場に運びたいのだけれどそれもできない。いま工場にはオリーブオイルがまったくないんだ」。これは、四月末にマジュタバさんから電話で聞いたことです。

私が初めてマジュタバさんとご家族に会ったのはその二〇〇二年の夏です。外出禁止令が出ていて、一週間に一日だけ、しかも数時間しか家の外に出られないという時期でした。外出禁止のあいだは町のなかをイスラエル軍の戦車が走りまわるので、数時間のあいだに一週間分の食料などを買い込みます。ナーブルスの町に入るすべてのイスラエル軍の検問所も封鎖《ふうさ》となっていましたが「一週間ぶりにナーブルスの検問所が開く」と聞いて、待機していたラマッラーからナーブルスに向かいました。

　幹線道路がイスラエル軍に完全に破壊され、迂《う》回路《かいろ》にも障害物が置かれて車で通ることができませんでした。セルビス（乗り合いタクシー）で荒地やオリーブ林を抜け、ところどころは山道を歩き、ナーブルスにたどり着きました。道中がたいへんだったので、初めてマジュタバさんとご家族にお会いした瞬間《しゅんかん》を覚えていないくらいです。その後も一週間外出禁止令がつづいたので、ずっとご自宅にお世話になりました。

　二階建ての建物が動くような、大きな戦車が目の前の道路を通り過ぎたり、照明弾《しょうめいだん》が上がったり、それまで知らなかった「戦争」（軍事攻撃）のリアルさの一部を感じました。自分が怖かったのかどうかは記憶《きおく》にありません。ジャーナリストではない。占領・攻撃に反対するために「活動家」として来ているわけでもない。私は、そこに働いている人たちがいるから、仕事のために訪問していました。でも、大好きだった「花火」は苦手になりました。打ち上げ花火は照明弾を、スターマインなどの連発花火は銃撃《じゅうげき》音を思い起こさせるからです。

マジュタバさんとシンディアナ

石けん工場のあるナーブルスは、ヨルダン川西岸地区北部にあり、エルサレムを別にすれば、西岸地区でいちばん大きな町です。およそ九〇〇年前からという歴史ある町で、山の狭間《はざま》にあり水が豊かで緑に囲まれていました。

　そしてシリアのアレッポと並んで、何百年も前からオリーブ石けんの製造で有名です。伝統的に、アレッポのオリーブ石けんはオリーブオイルと月桂樹《げっけいじゅ》のオイルから作られ、ナーブルスのオリーブ石けんはオリーブオイルのみから作られています。基本的に石けん類は油分にアルカリ成分を加えて混ぜ合わせ固めて作ります。昔は、オリーブオイルに植物の灰や石灰岩を加えて石けんが作られていました。現代では、代わりに水酸化ナトリウム（苛性《かせい》ソーダ）が使われています。

石けん工場のマジュタバさんの家系は、数百年前から代々オリーブ石けんを作ってきました。昔は、石けんの製造過程にはそれぞれ専門の職人さんがいて、マジュタバさんの家系は石けん素地を切り分ける職人さんだったそうです。

マジュタバさんは、子どものころからお父さんに石けん作りを教わり、二〇代で石けんの製造・工場の経営を引き継ぎました。一九九六年ごろにシンディアナのスタッフがナーブルスを訪問、高品質のオリーブ石けんを作ってくれるところを探し、マジュタバさんの工場に出会いました。

それまで、マジュタバさんは地元パレスチナ市場向けに「ふつうの」オリーブ石けんを作っていて、ヘブロンやガザが主な出荷先でした。オリーブ石けんは、昔は二番搾りのオリーブオイルを使って作られていました。当時の技術では食用に一回搾っただけでは搾り残しがあったのです。現代は一般《いっぱん》的には、食用とは品種も抽出《ちゅうしゅつ》方法も違う品質の低いオリーブオイルで石けんが作られ、化学的な着色料や香料《こうりょう》が加えられています。

オリーブ石けん工場の職人さん

シンディアナと出会ったことで、マジュタバさんは、一番搾りの食用ヴァージンオリーブオイルを使い、添加物《てんかぶつ》なしの石けんを作りはじめます。技術的にたいへん難しく、周囲からは「無茶だ」と言われたそうですが、成功しました。

工場では、職人さんが黙々《もくもく》と働き、機械の音が響《ひび》きます。まさに「小さな町工場で世界に誇《ほこ》る品質の製品をつくる」という様子です。マジュタバさんと弟、職人さんたち、事務方、約一五人が働いています。最高の材料を使い、一つひとつの工程でていねいに状態を確認し作っていく様子は、まさに職人仕事です。

地元の原材料で作られた最高品質のオリーブ石けんこそ海外に紹介《しょうかい》・販売して、活動を広げる、そしてパレスチナと経済的に結びあっていこうと考えていた「シンディアナ」、純粋に混ぜ物なしの理想のオリーブ石けんをかたちにしたい、世に出したいと考えてきた石けん工場。この両者が出会って高品質のオリーブ石けんが作られたのです。パレスチナ・オリーブは、シンディアナを通じて二〇〇〇年からこの石けんを輸入販売しています。

しっとり&さっぱり&すべすべ。汚《よご》れはしっかり落とすけれど、肌《はだ》本来の油分は残すというのが、いいオリーブ石けんの特徴です。洗顔だけでしっとりするので、化粧水《けしょうすい》や保湿《ほしつ》クリームなどほかのお手入れは必要なしです。私は髪《かみ》の毛も顔も体もこの石けんで洗っています。

軍事封鎖のなかで

もともと、ナーブルス中心部にある小さな工場で石けんを作っていましたが、二〇〇〇年秋、ナーブルス郊外に大きな工場を完成させました。しかし直後に第二次インティファーダがはじまり、工場のある地区は軍事封鎖地域となって住民以外は立ち入ることができなくなりました。

それから封鎖が終わるまで五年間、小さな倉庫を借りて石けんを作りました。その間、イスラエル軍に材料のオリーブオイルをひっくり返されたことも何度もありました。倉庫の目の前を戦車が通るたび道路が壊れます。石けんを外に干すと、細かいアスファルトが混じってしまう、ということもありました。戦車が砲台《ほうだい》を振《ふ》りまわせば電線が切れるし、戦車が歩道に乗り上げれば歩道がボロボロになる。そんなことも実際に目の前で起きたことを見て、初めてよくわかりました。

外出禁止令がつづき、工場がほとんど操業できないときもマジュタバさんは機械のメンテナンスをしたり、石けんの品質をより向上させる方法を考えたりしていました。やけになってもおかしくない状況のなかで仕事への情熱を切らさないでいた姿は、とても印象に残っています。

検問所が封鎖になれば、石けんの材料を仕入れることも、作った石けんを売りにいくこともできません。封鎖ではなくても、ほかの町に行くのにいくつもの検問所を通り抜けなければならず、一つの検問所で数時間ずつ待たされる。それまでナーブルスに約二〇あった石けん工場は、いまマジュタバさんの工場を含めて三つになってしまいました。

マジュタバさんは二〇〇五年から新しい工場で操業。オリーブ石けんにハーブなど天然素材を加えて一八種類のオリーブ石けんを完成させ、工場も拡張しました。その後、検問所を通る許可証が出やすくなったこと、ビザなども取りやすくなったこともあり、海外への売り込みに力を入れ、注文が増えはじめました。ほかのパレスチナの生産者団体と同じように、パレスチナ域内での販売が見込めないため海外に市場を求めざるを得なかったという事情もあります。他方、パレスチナ市場には、海外からの安い石けんが出まわっています。

海外への出荷が増えたからこそ、今度は世界の景気の影響を受けることもあります。注文が多いときは週に五日間、工場を操業できるけれど、常時ではありません。また、ナーブルスの町と工場のあいだには検問所があり、いまでもなにかあればすぐ封鎖になります。

占領下での働き先

人とモノの移動がイスラエルに管理され、地元の産業が衰退させられているなかで、石けん工場は貴重な雇用元です。第二次インティファーダのときには自分の工場を廃業せざるを得なかった職人さんがマジュタバさんの工場に働きにきていたこともありました。インダストリアル・エンジニアの職（品質管理責任者のような立場ですが、マジュタバさんの秘書的な仕事も含まれています）を募集《ぼしゅう》すると一〇人以上が応募してきます。大学を卒業してもパレスチナ内には仕事がほとんどありません。インダストリアル・エンジニアとして働いていた女性は「工学部で同じ学科だった卒業生一四人のうち一二人が海外に働きに出た。多くは湾岸《わんがん》諸国」と言っていました。彼女《かのじょ》自身も卒業後一年間仕事がなく、その後、石けん工場での仕事を得ました。

ナーブルスが破壊され、その影響がつづいた二〇〇〇年代にはマジュタバさんの二人の弟も海外に働きに行きました。下の弟は五年、上の弟は一二年、ドバイで働いてナーブルスに戻りました。

一九四八年のイスラエル建国前後や六七年の第三次中東戦争時に故郷を追われて難民となり、周辺諸国に住むことになった人たちだけでなく、占領の困難から仕事を求めて海外に行く人たちが多くいます。土地とのつながりや血縁《けつえん》関係を大事にするパレスチナの人たちですが、世界各国に家族・親族が散らばることを余儀《よぎ》なくされているケースも多いのです。

マジュタバさんの思い

マジュタバさんは、〝石けん愛〟が深く、昔気質《かたぎ》の職人さんのような気質《きしつ》と、世界に売り込むビジネスパーソン的な面があるほかに、お父さんとしての顔もあります。毎日どんなに仕事で疲《つか》れて帰ってきても、子どもたちの宿題をみていました。そして、マジュタバさんが子どものころから工場に入り浸《びた》っていたように、彼の息子さんも小さいころから石けん工場が大好きでした。来年大学を卒業、石けん工場で働くことを心待ちにしています。長女にはマーケティングを勉強して石けん工場を手伝ってくれることを望んでいましたが、彼女は大学でメディア学を専攻《せんこう》、メディア関連の会社に就職しました。

オリーブ石けん工場事務所。マジュタバさん

そして、マジュタバさんはビジネスに専念していても、パレスチナの文化を愛し、誇りに思っています。表向きに発言したり活動したりしていなくても、いまの政治状況に対してもいろいろな思いをもっていますが、これはマジュタバさんに限ったことではありません。

イドナ村女性組合

検品のあとはおいしいご飯

「やったー。終わったー。おめでとう！」と自分で言って、ナイーメさんを振《ふ》り返ると、「よかった」とにっこり笑ってくれました。クロスステッチの刺繍《ししゅう》でびっしりのポーチやバッグを検品するには集中力が必要で、終わるとぐったりします。注文していた約一五〇個の商品の検品には数時間かかりました。

でも、仕事の後のご飯はおいしい。スタッフのみんなといっしょにおもてなしご飯をいただきました。「いつもマクルーベだから」と、今回はカプサを作ってくれました（マクルーベもカプサも鶏《とり》の炊《た》き込みご飯だが、ほかの材料が少し違う。マクルーベは代表的なパレスチナ料理）イドナ村女性組合では、訪問客が来たときには、材料費は組合から出して、スタッフが持ちまわりでご飯を作ることにしています。

パレスチナの刺繍

パレスチナでは、伝統的な衣服（長袖《そで》ワンピース）や壁かざりに刺繍をしてきました。各地域に特徴《とくちょう》的な色合いや柄《がら》があります。

ラマッラー近郊の村に住んでいたころ、村の女性たちがおしゃべりしながら、デザイン画もなしに布地にどんどん刺繍していたのを見ておどろきました。彼女たちは、自分用の服や親族から頼まれたものなどを作っていました。また、額の部分に刺繍した大きな鏡や伝統的な結婚式の様子を刺繍したタペストリーなどがかざられ、家の中は刺繍であふれていました。友人が「結婚するまでに壁かざりやクッションカバーの刺繍をたくさん作らないといけない。間に合わない！」と言っていたのを覚えています。彼女は、パレスチナの地図を刺繍した壁かざりも用意していました。

他方、パレスチナ刺繍がパレスチナ文化の象徴として見られ、刺繍をした製品が売れるようになると、刺繍製品をつくる団体が多数できました。衣装などに使ってきた柄を組み合わせて刺繍し、ポーチなどの小物を作っています。

イドナ村女性組合はそのなかでもピカイチです。伝統的な柄を使いながらも、その組み合わせや色合いで洗練されたデザインを生み出し、ポーチなどの小物だけでなく高度な縫製技術が必要なバッグなどを作っています。だから、多くの団体の製品が並ぶバザーやお店での売り上げもよく、女性たちの大きな自信になっています。

設立の経緯

イドナ村女性組合は一九九八年に設立された、刺繍製品を作っている女性グループです。広島出身でエルサレム在住の水本敏子さんと、広島の「サラーム」（パレスチナの女性を支援《しえん》する会）が立ち上げから支援しています。私は二〇〇二年末から仕入れはじめ、〇四年秋に初めて訪問しました。

発足以来、代表のナイーメさん、会計のサーディーエさん、製品開発責任者のヌハさんの三人を中心に活動しています。刺繍をしているのが約二〇人、縫製をしているのが約五人です。初期から参加していたメンバーも年齢が上がって細かいものが見えにくくなり刺繍ができなくなったため少し人数が減りました。

メンバーの女性たちはイドナ村女性組合のセンターに刺繍糸・布などの材料と見本を取りに来て、自宅で空き時間に刺繍します。縫製担当者は、刺繍された布を足踏みミシンで縫って仕立てます。

セルビスで約二〇分のヘブロンの町に生地や糸の仕入れに行くのも中心スタッフの仕事です。ラマッラーにはたくさんの種類がありますが、片道で二時間半もかかるし、交通費もかかるのでなかなか行けません。エルサレムを通れないので遠まわりになるのです。パレスチナ地域では一九世紀までは綿織物・毛織物産業がさかんでしたが、その後衰退し、いい生地が手に入りにくく苦労しています。シリア「内戦」のため、手ごろな価格のシリアからの布も手に入らなくなりました。

海外やエルサレムの外国人にどんなものが売れるのかをリサーチするのもたいへんです。それでも、刺繍デザイン、ポーチ・バッグの種類・作り方、価格など、すべてイドナ村女性組合のスタッフたちがみずから考えて開発しています。

日本のお客様に求められる品質を伝えるのは私

の仕事です。最初のころ、刺繍は素敵でも製品の縫製にはほつれがあるのが問題がありました。私がポーチ内部に縫製にほつれがあるのを指摘《してき》したとき、「そこは見えないからいいじゃない」と言われました。「でも、日本のお客さまは中まで見るし、そもそも縫製が雑だと使っているうちに壊れるよ」と話しました。「マヨが細かいの？」ときかれたこともあります。私は細かいの？　日本のお客さんが細かくないですけれど、販売していくには商品としてきちんとした品質が必要です。ただ、刺繍が一目落ちていてもダメなのか、完璧を目指すべきなのかは迷うところです。

いまでは、中心スタッフの人たちはきちんと作ることと検品の重要性を考えて動いています。これを、刺繍・縫製をしている一人ひとりにきちんと伝えていくのはまたたいへんな作業なのですが。

品質確保のために必要なことは「きちんと作る」だけではありません。いいアイロンを買う、細かい部分までチェックできるように電灯を増やすなど、環境を整えてきました。

スタッフ紹介

ナイーメさん、サーディーエさんは五〇代。彼女たちの世代では村に小学校しかなかったので、女性は小学校しか出ていないひとが大半です。

四〇代のヌハさんは中学校中退、一九歳でヘブロンの刺繍学校へ行きました。勉強は苦手だったけれど、刺繍は得意だったそうです。三〇歳を過ぎてから結婚して隣《となり》村に引っ越しました。それまで「ヌハはイドナ村女性組合と結婚したのよ」と言っていたスタッフたちは、ヌハさんが働きつづけられるのか、これまで通り女性組合がやっていけるのかと心配しました。でも、ヌハさんは以前に比べて仕事量は減らしたものの、五人の子どもを産み育てながら働きつづけています。朝、仕事に出かける夫の車に同乗してイドナ村に来て、子どもたちを実家や保育園に預けます。ときどきは子どもたちといっしょにセンターへやってきます。刺繍担当の女性たちも、センターへ来るときに子ども連れのことがあります。

ナイーメさんもサーディーエさんも、イドナ村女性組合の収入を家計の足しにできたことで、子

検品で見つけた刺繍のミスを直しているヌハさん

どもたちを何人か大学に行かせることができました。サーディーエさんは「私は小学校しか出ていないけれど娘はなんでも知っている。いまは勉強をしなければならない時代」と言っています。
サーディエさんの娘のモシーラさんは大学で数学を学びました。教師になりたかったのですが、卒業しても仕事がありませんでした。大学進学率は高いけれど卒業しても仕事がない、というのはパレスチナ全体の状況です。モシーラさんは、パートスタッフとしてイドナ村女性組合でメールや売上管理などのコンピューター仕事をしています。最近、自分で週に二回の小さな塾《じゅく》をはじめました。

　村に住む「ふつうの」女性たちがはじめたイドナ村女性組合。ときにはイスラエル軍の嫌がらせでセンターを荒《あ》らされたこともありました。でも、二〇年もずっと同じメンバーで大きなトラブルもなく、協力しあってよりいいモノを作ろうとしているのはすごいなあ、と思います。今度、秘訣《ひけつ》をきいてみたいです。

貴重な現金収入

イドナ村は、ヘブロンの南西、グリーンライン（一九四九年停戦ライン）近くにある人口約二万人の村です。村を分離壁が分断し土地が奪われました。

小規模の自営の農業のほかは、場所がら、もともとイスラエルへの出稼ぎが多かった地域ですが、イスラエルで働くには、イスラエルからの「労働許可証」が必要です（76ページ参照）。男性たちの仕事が、イスラエルの「労働許可証」の数に左右される状況のなかで、女性たちの刺繍による稼ぎは、家計にとって貴重な現金収入になっています。

*

　フェアトレードの活動をはじめてから約二〇年。イスラエル社会・国家は変わらず、パレスチナ地域の人たちの状況はますます追い詰められています。私も無力感でいっぱいになることもあります。それでも、あきらめずに活動している人たちのことを思うと、私が日本で落ち込んでいる場合ではない、できることをやらなくてはと思います。フェアトレードで直接「占領」を止めることはできないでしょう。でも、フェアトレードには、人びとを元気にする力、「占領」を生み出している社会を変える力があると感じます。毎年生産者を訪問してみんなの仕事・活動を見ることは刺激にも勉強にもなります。私ももっとがんばって売りたい、いいモノを広めたい、という気持ちを新たにします。

東日本大震災《しんさい》・原発事故という衝撃《しょうげき》があり、個人的にもショックなことがあって、虚無《きょむ》状態でただ仕事をしていただけの私に対して、生産者のみなさんたちから「もっと人生を楽しめ」と言われました。笑えない現実をブラックユーモアで笑い飛ばしてきた人たちに、私がはげまされてきました。「イスラエル軍はいまや、外出禁止令を出さなくても、いつでもやってきて逮捕や暗殺ができるから、外出禁止令の必要がないんだよ。ハッハッハー」（マジュタバさん）、「日本は地震が多いね。パレスチナは戦争が多いよ。ハハハ」（ナィーメさん）。ええ!? そこ笑うとこ!? と反応に困ることもしばしば。

おいしいものを食べて、友人たちと笑いあってつながって、世界を変えていくエネルギーをためたいものです。

生産者さんたちとのかかわりの一方で、これまで私たちが活動をつづけてこられたのは、日本で商品を買ってくださる人たちがいたからです。はじめたころからずっと買ってくださっているお店、個人の方々がいらっしゃいます。大学院を卒業したばかりで、なんの社会経験もない私が、フェアトレードショップのリストを見て手紙を書いて……それだけで、取り扱いをはじめてくださいました。各地のフェアトレードショップ、自然食品店の方たちからも多くのことを学びました。

販売が継続的なものとなり広がっていったのは、なによりおいしいオリーブオイルなど商品の魅《み》力《りょく》なのだと思います。パレスチナに関心があって買ってくださる方もいらっしゃるでしょう。でも、大半の方は、オリーブオイルやオリーブ石けんを使うようになってから、パレスチナのニュースが気になるようになった、と言います。そして、商品があると、家族や友人・知人にも、パレスチナのことを話題にしやすいとのこと。お風呂でオリーブ石けんを使いながら、子どもに「この石けんはパレスチナというところから来ているんだよ」と言えるし、友だちにも、いきなり「いま、パレスチナでこんなことが起きているけど」と話し出すより、「おいしいオリーブオイルがあるんだけど」という方が話しやすい。クチコミで広めてくださる方がほんとうに多くてうれしいです。「ギフトで喜ばれました」ということもよく聞きます。

オリーブ商品を売るなかで、日本各地でおもしろい活動をしているお店・人たちとつながることもできました。

イスラエル・パレスチナの物価は上がりつづけているけれど日本はずっと円安だし、ネット社会になって消費のあり方も変わってきたし、送料など経費は上がるし、消費税は上がるし……といつまでつづけられるのかヒヤヒヤの日々ですが、どうにか乗り切っていきたいと思います。

イドナ村の風景

註

1　入植地

本書では、一九六七年の第三次中東戦争以降にイスラエルが占領地《せんりょうち》で領土拡大を図るため、東エルサレム・西岸地区・ガザ地区（二〇〇五年撤退《てったい》）に建設、承認したユダヤ人のための住宅およびその用地のことを指す。敷地内には農場や工場もある。国際法上違法《いほう》であり、和平交《こう》渉《しょう》を阻《はば》む一因《いちいん》ともなっている。エルサレム郊外《こうがい》やテルアビブとエルサレムの街道沿いなど「ベッドタウン」のような機能をもたされている入植地もあり、入植者には税制上の優遇《ゆうぐう》や比《ひ》較《かく》的安く住宅を手に入れられるというメリットがある。

2　違法建築物

東エルサレムや西岸地区のC地区（地図ページ参照）などでは、学校建設や自分の土地に家を建てたり、増改築をする場合にもイスラエル当局の許可が必要となる。面倒《めんどう》で込《こ》み入った手つづきのうえ、めったに許可は下りないので、必要に迫《せま》られて無許可で工事をおこなった場合「違法建築物」として破壊《はかい》命令が出される。パレスチナ人人口を抑《おさ》えることや土地を奪《うば》うことを目的として、その建築物に多く適用され、破壊される。破壊工事を自分たちの手でおこなう場合と、当局が用意した業者による破壊工事のあと請求書《せいきゅうしょ》が送られてくる場合がある。また、イスラエル領内を含《ふく》めパレスチナ地域全体で、「境界線をはみ出して建てた」という理由で破壊されることも多い。

3　ガザ地区の封鎖

一〇年以上にわたって人やモノの出入りが厳しく制限されている。食料や医薬品など生活必需《ひつじゅ》品も不足。攻撃《こうげき》で破壊《はかい》された家屋や施設を復旧するためのセメントも入らず、発電のための燃料も入ってこないため停電で病院や下水処理場も影響《えいきょう》を受けている。二〇〇四年以降、外国人も特別の許可がないかぎりガザには入れない。

4　セルビス（乗合タクシー）

決まったルート上で、乗客は乗り降り自由。小型バンで乗客が七人乗りのことが多い。

5　イードルアドハー（イード・アル・アドハー）

犠牲祭《ぎせいさい》。イスラーム教徒の義務のひとつとされるメッカへの大巡礼《じゅんれい》（ハッジ）の最終日に当たる日に、巡礼に参加していないイスラーム教徒も生贄《いけにえ》として動物を捧《ささ》げ、お祝いをする。金銭的に余裕《よゆう》のあるひとは金銭的に恵《めぐ》まれていないひとなどに犠牲として捧げた肉をふるまう。父親のいない子どもは孤児《こじ》とされ、犠牲祭に合わせて慈善《じぜん》団体に喜捨を捧げた人びとから肉や金銭が配布される。

6　検問所

検問所は、ガザ地区の出入口、ヨルダン川西岸地区の町の出入口、入植地近く、エルサレムやグリーンラインの出入口などに恒常《こうじょう》的に置かれているほか、臨時検問所が置かれることもある。完全封鎖で通行できない、IDや許可証を見せて通行、ふだんは素通りできる、など、検問所の場所や時期によって、対応は異なる。

7　入植者用道路

西エルサレムやテルアビブなどの大都市と東エルサレムやパレスチナ自治区内の入植地を結ぶ道路。通常はイスラエル人や入植者の車両、入植地に向かうバスなどとともにパレスチナ人の車両にも検問のうえ通行が許されるが、検問所や道路近郊の入植地などでなにかが起きれば道路は封鎖《ふうさ》される。西岸地区の主要幹線を兼ねているため、封鎖や検問により移動が妨《さまた》げられ交通が大混乱となることもしばしばある。

8　殉教者《じゅんきょうしゃ》

本来は信仰《しんこう》のために命を落とす人を指すが、パレスチナでは武装抵抗《ていこう》組織の戦闘員《せんとういん》、デモや「衝突《しょうとつ》」（巻き込まれた場合もふくむ）などでイスラエル軍に殺された人びとも「シャヒード（殉教者）」として称《たた》える。また「殉教者」追悼のための写真入りポスターがパレスチナでは多く貼《は》られている。本人が生前に支持していた、またはかかわりのあった政党や組織などの名前やロゴが入ったものも多い。

9　難民キャンプ

イスラエルが建国される過程で多くの人びとが故郷を追われ、七〇万人以上が難民となり、その多くがヨルダン、レバノン、シリア、ヨルダン川西岸地区、ガザ地区の難民キャンプに収容された。現在では、コンクリート製の住宅が狭《せま》い路地をはさんでひしめき合って建っており、多くのキャンプが人口過密状態にある。難民キャンプでは、国際連合パレスチナ難民救済事業機関（UNRWA）が教育、医療《いりょう》、保健衛生、福祉《ふくし》、食糧《しょくりょう》支援《しえん》、インフラ整備などで約五六〇万人（圧倒的多数は当初の難民の子孫）の難民への支援活動をおこなっている。難民とは公式には「一九四六年六月から一九四八年五月の間にパレスチナに居住しており、一九四八年の戦争で家と生計手段の両方を失った者」と定義されたが、右記以外の場所へ逃《のが》れたひとは難民登録ができず、それ以後の戦争で初めて難民となったひとにも継続《けいぞく》的なUNRWAの支援はなされていない。

10　武装戦闘員

イスラエルへの抵抗として武力を用いることも辞さないという考え方をもつメンバーによる武装組織の戦闘員。代表的なものにハマースの軍事部門アルカッサーム旅団や第二次インティファーダ後にさかんに活動したファタハのアルアクサー殉教者旅団などがある。

11　分離壁

二〇〇二年シャロン政権時に「パレスチナ人テロリストの侵入《しんにゅう》を防ぐ」という名目で建設がはじまった、高さ八メートル、全長約七〇〇キロメートルにもおよぶ壁。壁が建設されている場所の多くが第一次中東戦争の休戦ラインであるグリーンラインよりもパレスチナ側に侵食しているため、パレスチナの多くの町や村で土地が奪われ、壁によって周囲と分断されたコミュニティなどの問題が発生している。

12　外国人労働者

二〇一七年の統計で約一〇〇か国から、合法約一〇万人、非合法約七万人が農業、建設業、製造業、家事・介護《かいご》労働などの分野で働いている。主にトルコ、中国、タイからの人びとが農場や建設業に就き、フィリピン、ネパールからの人びとが介護労働に就いている。

13　「challenge」（雑誌）

Challenge誌（一九九七年一・二月号）。当時、ハニトッツ・パブリッシング・ハウスはアラビア語月刊誌 al-Sabbar、英語隔月《かくげつ》誌 challenge、ヘブライ語季刊紙 Etgar を発行していた。

14　キブツ

二〇世紀初頭からシオニスト移民が建設した、農業中心の入植村。共同生産・共同所有を原則としていたが、現在は私有も認められる。キブツの居住者は総人口の数パーセントとわずかだが、入植・建国の理念を歴史的に担ってきたため、シオニズム運動の象徴《しょうちょう》として知られる。

15　土地の日

ガリラヤ地方の大規模な土地没収《ぼっしゅう》が発表され、一九七六年三月三〇日、大抗議行動が予定されていたなかでイスラエル政府は前日に外出禁止令を発表、イスラエル軍・警察によりアラブ・パレスチナ人六人が殺され、百人以上が負傷、数百人が逮捕《たいほ》された。毎年三月三〇日は、土地収奪への抗議と、内外のパレスチナ人の連帯を呼びかける集会やデモが、パレスチナ地域および世界各地でおこなわれる。

16　大学進学率

イスラエル内にはユダヤ系の大学しかない。言語・交通・費用などの問題で、イスラエル内のアラブ・パレスチナ人の進学率は一〇%と低い。ガザ地区・ヨルダン川西岸地区では進学率は男女ともに約五〇%前後と高いが仕事がない。

17　アラブ・パレスチナ人の兵役

イスラエル内のアラブ・パレスチナ人は、ムスリムとクリスチャンが兵役を「免除《めんじょ》」され、ドルーズが兵役を課されている（パレスチナ人を分断して統治）。ドルーズはイスラームの宗派の一つ。兵士として最前線に立たされることも多くうらみをもたれやすい一方、兵役を拒否した場合、ユダヤ人の兵役拒否より処罰《しょばつ》が重いことが多い。

18　東エルサレムの状況

一九六七年以降、イスラエルはガザ地区・ヨルダン川西岸地区を占領する一方、東エルサレムをヨルダン川西岸地区から切り離して「併合《へいごう》」、東西エルサレムを統一された首都と主張（国際的には認められていない）。政府は土地の接収、家屋破壊、居住権の剥奪《はくだつ》などを日常的におこなっている。

19　オリーブオイルの風味の専門家

オリーブオイルは、畑や品種、収穫の時期によって風味が異なる。収穫の時期、ブレンド方法、料理との相性、などを考える。

（上）「入植者襲撃事件」の容疑者として捜索の末に射殺された青年の母親や親族の家が、集団懲罰《ちょうばつ》としてイスラエル軍に破壊された　▲ジェニン郊外　2018年

（下）自治政府紋章の鷹がピストル自殺をしている風刺画　▲ラマッラー　2013年

パレスチナの歴史

現在のパレスチナ自治区とイスラエルの両方を含《ふく》む「パレスチナ地域」は、かつてアラブ人のイスラーム教徒、キリスト教徒、ユダヤ教徒らがともに生活をし、宗教も民族も多様な地域でした。広さは約二七〇〇〇平方キロメートル（関東地方より小さい）、地中海に面し、オリーブや小麦、オレンジなどが育つ豊かな土地です。

一六世紀前半からはオスマン帝国《ていこく》下でしたが、地元のアラブ人は自治的な暮らしをしていました。一九世紀後半にヨーロッパ諸国が中東地域にも植民地支配を広げはじめ、中東世界が分割されていきます。第一次世界大戦後、パレスチナ地域はイギリス委任統治領となりました。

■一九四八年イスラエル建国「ナクバ」（破滅《はめつ》／大災難）

二〇世紀前半を通じて、シオニズム運動が広がっていきましたが、一九四七年の時点で、パレスチナ地域全体でユダヤ人の土地所有率は一〇％に満たず、人口比は三〇％に過ぎませんでした。しかし、国連分割決議では、五六％の土地がユダヤ人国家側に認められるという不公平なものであったため、アラブ側（パレスチナ側）はこれを拒否しました。ユダヤ側（シオニスト）は一九四七年～四九年に大規模かつ組織的にパレスチナに軍事侵攻し（四八年五月より第一次中東戦争）、ユダヤ側が土地の七七％を獲得したところで停戦協定が結ばれました。これにともない大量のパレスチナ人が故郷を破壊され、八〇万人～一〇〇万人が難民となりました。これを「ナクバ」といいます。

ガザ地区はエジプトの間接統治の、ヨルダン川西岸地区はヨルダンの統治の下に置かれました。一方、イスラエル領内にとどまった約一五万人も半数が国内避難民となり、六六年まで軍政下におかれ、多くの土地がイスラエルに奪《うば》われました。

シオニズム運動
パレスチナにユダヤ人が多数派の国を建設しよう、という運動。当時ヨーロッパで差別や迫害《はくがい》を受けてきたユダヤ人たちは、旧約聖書の中にある、「約束の地」「ユダヤ人離散《りさん》」という言葉を政治的に読み替《か》えて、分割されたアラブの一地域であるパレスチナへの移民を正当化しました。

■一九六七年第三次中東戦争　ガザ地区・ヨルダン川西岸地区の占領《せんりょう》

一九六七年の第三次中東戦争でアラブ諸国が大敗し、イスラエルによるガザ地区・ヨルダン川西岸地区への新たな占領がはじまりました。

■一九九三年オスロ合意とその後

一九八七年からのインティファーダ（被《ひ》占領地のパレスチナ人の民衆蜂起《ほうき》）、九〇年のソ連邦崩壊《れんぽうほうかい》、九一年の湾岸《わんがん》戦争など世界情勢の変化を受けて、九三年にイスラエルとPLO（パレスチナ解放機構）のあいだでオスロ合意（暫定《ざんてい》自治に関する原則宣言）が結ばれました。「歴史的和解」として世界に歓迎《かんげい》されパレスチナ自治政府ができました。

ところがオスロ合意は、難民の帰還《きかん》権を無視し、パレスチナの土地を奪い切り刻んでいるユダヤ人入植地を容認し、水利権のイスラエル支配を認めたままの「合意」でした。他方で、オスロ合意以降に急増する海外からのイスラエル産業への投資による恩恵《おんけい》からパレスチナ人は排除《はいじょ》され、またパレスチナへの国際的な資金援助《えんじょ》は自治政府周辺にだけ集中し一般《いっぱん》の人びとは置き去りにされました。

この不満がたまって、二〇〇〇年の「第二次インティファーダ」の勃発《ぼっぱつ》につながります。これに対し、イスラエルによる過剰《かじょう》な軍事侵攻、外出禁止令、検問所の設置、分離壁の建設などがつづいています。

〇六年に、オスロ合意体制を批判してきたハマース（イスラーム抵抗運動。八七年インティファーダ開始後に結成された。占領終結とパレスチナ解放を目指し、「和平」には反対している。軍事部門がイスラエルへのロケットの発射など武装闘争をおこなうことから「テロ組織」または「イスラーム原理主義組織」と説明されることが多い）が総選挙に勝利。イスラエルや国際社会はハマース政権を承認せず、イスラエルは封鎖《ふうさ》や軍事侵攻を強めました。とくに、〇七年以降、ガザ地区は厳しい封鎖下におかれています。

ちなみに、対するのはファタハ（パレスチナ民族解放運動。五七年パレスチナ解放を目指して結成された。現在は「和平」を目指す「穏健《おんけん》派」と説明されることも多いが、その「和平」が「占領を常態化する」ものとして批判もされている）です。

Q&A　パレスチナの「仕事」とその「背景」のこと

Q 本に出てくる仕事のほかにどんな仕事がありますか？

たとえば、東エルサレム在住の友人に、本人が薬剤師《やくざいし》、妹のひとりが幼稚園《ようちえん》教諭《きょうゆ》、母親が美容師で元美容室経営者、父親が結婚式《けっこんしき》や葬式《そうしき》などイベント用の天幕会場設営業者（現在は仕事が減ってしまったのでアルバイトで警備員をしている）という一家がいて、一度その美容室に遊びに行ったことがあります。殺風景な雑居ビルの一階のドアを開けるとカーテンがあり、中が見えないようになっていて、扉を閉めてそのカーテンを開けると、多くの女性たちが上着を脱《ぬ》いで、体の線があらわになった格好で、髪《かみ》を切ったり、染めたり、ネイルやメイクを施《ほどこ》してもらったり、お茶を飲んだり、タバコを吸ったりしてくつろいでいた姿がありました。もちろん男子禁制。みんな日本のヘアケア用品、化粧品《けしょうひん》事情（とくに美白と保湿《ほしつ》）に興味津々《しんしん》でした。

　また難民キャンプでは、店舗《てんぽ》も看板もいっさいない、自宅の一室でクチコミのお客さんだけを相手にしている美容室がありました。髪を切るのは美容師姉妹の家の浴室、髪を染めるのは姉妹の部屋の中で、家の中を移動する必要があるたびに、家族の男性に「いま部屋から出てくるな」と厳命します。イスラーム教徒の女性は家族以外の男性に髪の毛や肌《はだ》を見せないためです。客は事前に自分の好みの色を伝えて、姉妹に「どこどこ（メーカー名）の何番（色の番号）を買っておいで」とアドバイスをもらい、まずカラー剤《ざい》を買いに行きます。それを姉妹の美容室に持ち帰り、髪を切り、染髪《せんぱつ》してもらいます。姉妹が「銀行は信用ならない」と、ベッドのマットレスの下に隠《かく》してある札束を見せてくれたことも強く印象に残っています。居間には彼女《かのじょ》たちのお兄さんの「殉教者《じゅんきょうしゃ》ポスター」が額入りでかざられていました。そのとき、この場所が二〇〇二年のジェニン難民キャンプへの軍事侵攻《しんこう》でもっとも攻撃《こうげき》を受けたハワーシーン地区だと知りました。お兄さんはそのとき亡くなったそうです。

（高橋）

＊

大学を出てもほとんど仕事はない、というのはすでに書いたとおりですが、ガザ地区・ヨルダン川西岸地区では、自営業のほかに、公務員や民間企業《きぎょう》の仕事もあります。イスラエルによる封鎖《ふうさ》でガザ地区の経済は停滞させられ失業率が高いので、相対的に公務員の割合が多いです（しかし、ガザ地区は、ファタハ政権のときから雇《やと》われている公務員と、いまのハマース政権に雇われている公務員がいるという複雑な状況です）。

自治政府の財源は不安定で、公務員や学校の先生の給与《きゅうよ》の支払《しはら》いが数か月滞《とどこお》ることもよくあり、ストライキも起きています。学校の先生は大学を出た女性の主な働き先です。

数は多くありませんが、銀行や保険会社、通信会社などで働いている人もいます。二〇〇二年なのでだいぶ前ですが、友人が働いているJAWWAL（パレスチナの携帯《けいたい》電話会社）に会いに行ったことがあります。第二次インティファーダの真っ最中に見た立派なオフィスビルが印象に残っています。携帯電話が急速に普及《ふきゅう》した時期で、知り合い数人が就職しました。

ちなみに、パレスチナの人たちも、日本と同じようにほとんどの人がスマートフォンを持っていて、町のあちこちに携帯電話屋さんがあります（パレスチナの携帯電話会社の電話はイスラエルでは通じません。イスラエルの携帯電話はヨルダン川西岸地区でも入植地と周辺では通じるのでかなりの範囲《はんい》で使えますが、自治区内ではイスラエルの携帯電話のSIMカードを買ったりチャージしたりはできません。また、イスラエルの携帯電話会社のSIMカードを買うときにも、パレスチナの携帯電話会社にかけるかどうかでカードが違《ちが》うなど、ややこしくなっています）。

パレスチナの地元NGOで働く人たちもいるのですが、給与やプロジェクト費を国際機関や海外NGOからの援助でまかなっているところが多く、助成金の増減に活動が左右されます。

イスラエル内のアラブ・パレスチナ人は、大学を出ても管理・事務系の仕事が限られます。公務員には制限がありますし、イスラエルの民間企業に管理系の職種で雇われることもありません。アラブ・パレスチナの村や町の学校であってもイスラエル政府管轄《かんかつ》なので、学校の先生が自由な発言・授業ができないという問題もあります。

（皆川）

Q 労働許可証ってなんですか？

イスラエルは分離壁《ぶんりへき》や検問所をつくり、自治区のパレスチナ人をガザ地区やヨルダン川西岸地区に押し込めて、その自由を奪っています。同時に建設作業員や農場労働者やレストランの厨房《ちゅうぼう》担当者などとしてイスラエルに働きに来るパレスチナ人に対して、その身元（家族構成や思想など）を徹底的に調べ上げたうえで、検問所を越えてイスラエルで働くための許可証を出しています。これは、パレスチナ人をコントロールするひとつの手段にもなっており、次に更新《こうしん》できるのか、突然《とつぜん》取り消されるのかわからないため、労働許可証を得る、または一度手に入れた許可証を守るために、イスラエルによる占領への批判や抵抗《ていこう》、政治的な言動はつつしまざるを得ません。政治犯としてイスラエルに捕まったことがある人がいると、親族にも労働許可証が出ないなど、集団懲罰《ちょうばつ》として連帯責任を負わせ、そうすることにより、イスラエルへの抵抗運動に参加しにくくさせるという「アメとムチ」として用いられています。

パレスチナの人びとが、その状況《じょうきょう》に甘《あま》んじるしかないのは、占領によって水や電気や土地の使用、資材や原材料の輸入や入荷、生産品の輸出や出荷などが自由ではなく、パレスチナ自治区内に産業が育ちにくいため、まとまったお金を稼《かせ》ぐためには、イスラエルに働きに行かざるを得ないという背景があります。

（高橋）

Q 言葉の違いによって生活にどんな影響《えいきょう》がありますか？

東エルサレム在住のパレスチナ人の友人は、大学に進学する際、母語ではないヘブライ語で試験や授業を受けるイスラエルの大学に行くか、母語のアラビア語で受けるパレスチナ自治区内の大学に行くかの選択《せんたく》を迫られましたが、母語での進学を希望すると、壁と検問所があるため、実際の距離以上に通学に時間がかかり、検問所や道路の封鎖などにも左右され、そのうえ志望する薬学部がある大学が非常に限られていたため、エジプトに留学することを選びました。

パレスチナ人が必要に迫られてヘブライ語を覚えるほどには、イスラエル人がアラビア語を覚えるということは多くありませんが、兵士がパレスチナ人に向かって「立て、止まれ、黙《だま》れ」などの簡単な命令のみをアラビア語で覚えて使うこともあります。また、パレスチナの村に侵入《しんにゅう》してくるイスラエル軍の部隊の中にはドルーズや多少のアラビア語をしゃべる兵士がいて、その場での命令や尋問《じんもん》などを担います。しかし、その際に示される令状や出頭命令書、当局による破壊《はかい》命令書などはヘブライ語で書かれており、示された本人が理解できないことも多く、尋問の際の書類や裁判でもヘブライ語が用いられるため、適切な通訳が用意されないなど、ますます不利な状況に追い込まれることも多いといいます。検問所で、兵士のヘブライ語の静止命令を理解できずに女性が撃《う》たれて殺されたという事件もありました。（高橋）

*

東エルサレムには生活の厳しさから働きたい女性が多くいますが、現状は残念ながら、彼女たちが働こうと思ったら、西エルサレム（ユダヤ側）にしか仕事はありません。ここでヘブライ語が壁になっています。学校ではヘブライ語を習いますが、日常的には使わないので苦手な人が多いのです。

マアンとほかの団体が共同でおこなっている東エルサレムのパレスチナ女性向けのヘブライ語コースは、二〇一三年に二〇人ではじまりましたが、いまや六〇〇人で、さらに多くの人が順番待ちしているそうです。

アラビア語とヘブライ語は（文字の見た目は違いますが）、同じセム語系で文法が近く単語も似ています。

イスラエルの電車やバスの中で、若い男性が友達同士でヘブライ語で話しているのに、電話が来るとついアラビア語で話しだす、という場面をしばしば見かけます。ユダヤ人が多い場所ではアラブ・パレスチナ人だとなるべくバレないように過ごしている様子が感じられます。（皆川）

Q 物価はどれくらいですか？

物価例

［イスラエル］

・コーラ 五シェケル（一七〇円）

・カバブサンド 三五シェケル（一一九〇円）

［東エルサレム］

・食器用洗剤《せんざい》 一二シェケル（四〇八円）

［ヨルダン川西岸地区］

・セルビスの運賃ラマッラー～ジェニン（直線距《きょ》離《り》では約六〇キロメートル、所要時間通常一時間四〇分、途中《とちゅう》で検問がない場合）三五シェケル（一一九〇円）

・フライドチキンセット〔パン＋ポテト＋コーラ〕一九シェケル（六四六円）

・コーヒー五〇〇グラム二四シェケル（八三六円）

・コーヒー一杯《いっぱい》一〇シェケル（三四〇円）

・おぼん（中国製プラスチック）一〇シェケル（三四〇円）

・クナーファ五〇〇グラム二八シェケル（九五二円）

・鶏肉《とりにく》（小さめ二羽）三五シェケル（一一九〇円）

※パレスチナの人びとは大家族で暮らしていることが多いので、食料品（肉や魚や野菜など）は基本的にキロ単位で値段が表示され、キロ単位で購入《こうにゅう》します。

　イスラエルもパレスチナ自治区もイスラエルの通貨シェケルを使っていますが、イスラエルも、そして収入を考えるとそれ以上にパレスチナも物価は安くありません。イスラエルではファストフードの食事でも簡単に一〇〇〇円を超えます。地方のバスターミナルの売店で冷たいピザ一切れとオレンジジュースひとつ買って二〇シェケル（およそ七〇〇円）でした。

　パレスチナで高いなと思うのは、パレスチナで生産している野菜や果物以外のもの、とくにパレスチナで生産していない品々や生活必需品ではないぜいたく品のようなものです。たとえば、ジェニンの町中に誕生日ケーキ（六〇シェケル）を買いに行ったとき、ケーキの値段がその日一日分の農作業の賃金とほぼ同じくらいでした。日本の一〇〇円ショップで買えるようなスリッパよりさらに質の落ちるスリッパや一、二回履《は》くと破れてしまうような中国製のレギンスが二〇シェケルもしたり。私が日本から持参した中国製の品物を見て、よくみんなに「日本向けの中国製品はSランク、パレスチナ向けはCランク」と言われます。輸入品は必然的に高くなります。（高橋）

Q 難民キャンプとはどんなところですか？

　難民キャンプというと多くの人はテント生活を想像されるかもしれませんが、イスラエル建国にともなってパレスチナ難民が発生してから七〇年以上が経ったいまでは、コンクリート製の住居が狭《せま》い路地を挟《はさ》んで建ち並びます。戦争の際にわずかなあいだだけ避難するという気持ちで、身のまわりのものだけをたずさえて、自宅に鍵《かぎ》をかけて逃《に》げた人も多かったそうです。ところが、イスラエルが建国され、故郷に帰ることを許されないまま何十年も経過してしまいました。もうすでにその鍵で開けられる家自体が存在しない。それでも、その古い自宅の鍵は難民の象徴《しょうちょう》として大切に子孫に受け継《つ》がれています。

ふつうの町や村と同じように、お店もあれば学校や診療所《しんりょうじょ》もありますが、難民キャンプでは教育や医療、インフラ整備などはUNRWA（国連パレスチナ難民救済事業機関）が担います。ところが、アメリカがパレスチナ自治政府をコントロールするために、UNRWAへの支援を全面的に打ち切ると発表して以来、UNRWAで雇用されていたパレスチナ人職員の契約《けいやく》打ち切りや、パートタイム労働への移行などの影響があらわれました。

日本政府は、UNRWAへの追加の支援を発表しました。支援自体は現状では必要なことですが、難民への補償《ほしょう》や帰還《きかん》権の問題を棚《たな》上げしたまま支援だけをつづけていても、根本的な問題の解決にはなりません。

七〇年が経ち、難民キャンプの住民は第四世代が誕生しています。いくら長くここに住もうとも、いま住んでいる家の土地の所有権はなく、家族が増えるたびに上階に建て増していくことにも限界があり、お金を貯めることができた人のなかには難民キャンプを出て、土地や家を買う人もいます。

（高橋）

Q パレスチナの人たちは入植地ではどのように働いているのですか？

入植地で働くにも「労働許可証」が必要で、入植地の入口では、民間の警備会社が「検問」をおこなっています。イスラエル領内へ出稼ぎに行く人たちの検問と同様に長い行列ができ、通るのには時間がかかりますが、それで遅刻《ちこく》をしても工場に罰金《ばっきん》を取られることもあります。

入植地ではどこの法律が適用されるのかあいまいで、パレスチナの労働組合やパレスチナ自治政府はなにもできず、パレスチナ人労働者は劣悪《れつあく》な環境《かんきょう》で働きつづけてきました。

二〇〇七年、イスラエルの最高裁判所は「入植地とその管轄にある工業団地はイスラエルの労働法に完全に従う、イスラエル人労働者とパレスチナ人労働者とのあいだに違いはない」という判決を出しました。

しかし、依然《いぜん》として、不健康な環境で低賃金で長時間働き、給与明細もないような状態がつづいています。パレスチナ人労働者の平均収入はイスラエル労働者の約半額（最低賃金以下）で、健康保険や病気休暇《きゅうか》・有給といった社会保障はありません。イスラエルの労働監査《かんさ》官は、法律を守らせようと入植地まで調査にきたりはしないのです。

入植地は国際的にも違法ですし撤去《てっきょ》されるべきですが、そこで働かざるを得ないパレスチナ人労働者の権利は守られなければなりません。

マアンは、労働条件の改善のために、労働組合として会社と交渉《こうしょう》したり、訴訟《そしょう》をサポートしたりしています。二〇〇七年から、エルサレムに近い、ヨルダン川西岸地区にあるマアレ・アドミーム入植地に付属するミショーレ・アドミーム工業団地にかかわってきました。ミショーレ・アドミーム工業団地は一九九八年に造られ、ソーダストリーム（世界的なボイコット運動で二〇一五年に入植地からイスラエル領内へ移転）などの大きな工場がある一方、そのほとんどの事業はアルミ加工や木材加工、紡績《ぼうせき》工場といった小さな工場です。マアンは、いくつかの工場でときにはストライキもおこないながら、労働条件の改善などの成果を出してきました。改善要求をしたリーダーが警察に逮捕《たいほ》され、工場に解雇されたこともありましたが、裁判で補償と職場復帰を勝ち取りました。さらに労働協約（労働組合と使用者またはその団体と結ばれた労働条件などにかんする取り決め）を結ぶことができたのは画期的なことでした。

本文に登場するマアンスタッフのヨアブさんは、「（自分自身が）占領と直接闘《たたか》えなくても、労働環境とは闘える。そして、労働者の闘いは占領問題につながっている」と話しました。

会社は、パレスチナ人労働者を劣悪な条件で雇えるから、入植地に工場を造っているのです。また、入植地が撤退したら働いているパレスチナ人が困るだろう、というのは違います。それは、たとえば、沖縄《おきなわ》のアメリカ軍基地と同じ問題だと思います。

（皆川）

Q 占領下ではどのようなことに苦しめられていますか？

たとえば、ラマッラーからナーブルス、ナーブルスからジェニンなど町から町へと移動する必要がある日、私自身何度も「この先の道路で検問がはじまった」「〇〇村の入口が封鎖された」とセルビスの車内で言われ、長い時間検問の車列に並ばざるを得なかったり、迂回《うかい》のために遠回りして狭い道路を対向車と譲《ゆず》り合いながら山を越えなければならなかったりという経験をさせられています。仕事に行く、病院へ行く、買い物に行く、通学するという日常的な用事も、検問や封鎖によって左右されます。「何時にどこで」と約束をする、日本では当たり前のようなそんな簡単なことすら難しいです。「先が見通せない」ということが、大きなストレスになることを実感させられます。

マハのような日雇いの仕事に従事している場合、「明日仕事があるかどうか」がわかりません。帰りに買い物をしようにも、「もし明日仕事があるのなら、この一〇シェケルは交通費として取っておかなくちゃならない。でも、もしないのなら、この一〇シェケルで今晩と明日のパンを買いたい」となやんでいました。結局パンを買ってしまえば、また誰《だれ》かに交通費を借りなければ次の仕事にも行くことができません。それでも今日、明日のパンを残ったお金で買わなければならないのです。

マハは現在も学生寮《りょう》の清掃《せいそう》の仕事をしていますが、各寮の管理人からの電話連絡で「今日〇号室の〇さんの部屋を掃除して。この部屋が終わったら〇シェケルね。もし余力があったら、屋上から地下階までの階段と廊下とロビーの共有部分も頼《たの》むね。これは全部終わった時点で〇シェケル出せるよう家主に交渉してみる。もし今日終わらなければ、支払いは明日全部終わった時点で」というような請《う》け負い方です。いくら払ってもらえるかわからないまま仕事をはじめることも頻繁《ひんぱん》にあります。なんの保障もなく、管理人から突然連絡《れんらく》がなくなっても、そのままずっと仕事の依頼《いらい》がなくてもおかしくない、そんな不安定な仕事であり、毎日です。

また、「兵士に投石をした」「検問中に兵士の命令に従わなかった」など、日常的にさまざまな「罪状」でパレスチナの人びとは逮捕、起訴《きそ》され、裁判所で裁かれますが、これらの裁判の判決で科される罰金が高額で、本人や家族の生活を苦しめています。

いくつか例を挙げると、二〇一〇年ビリン村の分離壁反対運動のリーダーであるアブダッラーが「彼《かれ》の言動が周囲の暴力を煽《あお》っている」として暴力扇動《せんどう》罪で起訴され、禁固一年、五〇〇〇シェケル（およそ一二万五〇〇〇円）の罰金という判決がくだされました。アブダッラーは、投石も兵士への暴力的な行為《こうい》もしていません。ただ旗を掲《かか》げて、口頭で兵士に抗議をしているだけです。また昨年のいくつかの判決をみると、「投石」容疑の一三歳《さい》の少女に禁固四か月、罰金二五〇〇シェケル（およそ八万円）。入植地が造られ反対運動をおこなうナビーサーレフ村のアヘド・タミーミさん（判決時一七歳）が「村に侵入してきたイスラエル軍兵士に平手打ちをした」として禁固八か月、罰金五〇〇〇シェケル（およそ一六万円）の判決が出ています。高額な罰金を科すことで、本人だけでなく、周囲を含めて人びとを委縮させ、抗議行動、抵抗をしにくくさせようという意図を感じます。

また昨年、東エルサレムのシルワンでは「自宅の解体命令に期日までに応じない場合、懲役《ちょうえき》二か月、六万シェケル（およそ一九二万円）の罰金を科す」と男性に通告がなされています。（高橋）

Q オスロ合意のあと、状況は良くなったのですか？

「パレスチナの歴史」にも書いたとおり、一九九三年のオスロ合意は、合意そのものから多くの問題がありました。

まず、イスラエルが占領者でパレスチナは占領されている側なのに、両者が同じ立場で「交渉」して「問題」を解決していくような枠組みになっています。

六七年からの占領だけが問題なのではなく、四八年前後から難民になった人たちのことを含めた問題がすでにあって、「解決」といった場合は、両方の問題が解決されなければならないのに、オスロ合意では六七年以降の問題だけが焦点になっている。その「占領」の問題さえ、一歩も進んでいないどころか、むしろ悪化しています。パレスチナの土地は奪われつづけ、入植地は増え、分離壁が造られ、（ITの進化もあり）すべての面においてイスラエルによるパレスチナのコントロールが強くなっています。物価が上がって生活も苦しくなっています。

他方、事実上、自治政府の中心であるラマッラーにばかり国際援助のお金が落ちて「発展」しています。街中に高級なお店やレストランが増え、ピカピカの車が走り、ラマッラー周辺には大きなマンションがどんどん建設されています。ほかの町や難民キャンプとは別世界に見えます。

私は、オスロ合意以降のパレスチナに行ったことしかないのですが、その間になにか好転したことがあるだろうかと考えても思い浮かびません。生産者団体の活動が充実していくなど、それぞれの団体や一人ひとりを見れば、いくらでも楽しいことも良くなったことも思い浮かぶのですが。

オスロ合意では、段階的な「自治」しか述べられておらず、独立国家は約束されていません。それでも、多くのパレスチナの人たちはこれは独立国家の第一歩だと期待しました。イスラエルの隣にパレスチナ国家ができる、日本政府を含め国際社会が支持している「二国家」案の考えです。

オスロ合意後、イスラエルは、ガザ地区・ヨルダン川西岸地区の「切り離し」を進めているように見えました。外国人労働者に働きに来てもらい、イスラエルで働いていたパレスチナ人を減らす。ガザ地区はいらない（二〇〇五年にガザの入植地は撤去）。ガザ地区もヨルダン川西岸地区も内部にパレスチナ人を押し込め、分離壁で「境界線」をつくってイスラエルとパレスチナを分ける（ただし、エルサレムとヨルダン渓谷は渡さないし、グリーンライン〔停戦ライン〕には沿わず、できるだけ多くの土地と水源はイスラエル側に取り込むように、分離壁のルートを決め、入植地は増やす）。

しかし、いま、生活レベルでも政治的なレベルでも、二つの国をつくるという雰囲気はなく、むしろ「一体化」が進んでいることを感じます。最初は、パレスチナ人がイスラエル領内に入れないようにという建前で分離壁を造っていたけれど、いまはむしろ、分離壁の外、つまりパレスチナ側にさらに入植地をつくっています。分離壁の建前さえ崩壊《ほうかい》させて、侵食拡大しているのです。

入植者たちは入植者専用道路を通って毎日自由にイスラエル側とパレスチナ側を行き来しています。毎日通勤している人がいるくらいで、検問所もあるけれど、イスラエル人が止められることはありません（車のナンバープレートの色で識別されます）。意識しないで通り抜けられるので、町から町への移動くらいの感覚でしょう。「一体化」という意味は、イスラエル人にとってはもはやどこもかしこも「イスラエル」になってしまっている、ということです。

　地元の道路と入植者用の道路が交差するところなどでイスラエル人を見かけることも以前より増えました。入植者を守っている兵士も日常的にいます。パレスチナ人が兵士に向かって抗議の石を投げて撃たれるということもあるし、なにもしなくても撃たれることもひんぱんにあります。パレスチナ人が入植者に「車をどかして」と言っただけで殺された事件もありました。

　イスラエルは、ユダヤ人が多数派の国でありつづけるために、建国以来、世界中からユダヤ人を集めてきた移民国家です。ソ連崩壊後には一〇〇万人以上が旧ソ連圏《けん》からイスラエルに移住してきました。これまで書いてきたように、イスラエルでは多数の外国人労働者が働いていますが、ユダヤ人優位の国家を維持《いじ》するため、外国人労働者の永住・家族の受け入れ等は認めていません。また、現在イスラエル国内にはアフリカからの数万人の難民がいますが、その受け入れも拒否《きょひ》しています。二〇一八年にはアフリカ難民の強制送還《そうかん》を発表しましたが、強い反対にあって断念しています。

　そして、イスラエル内のユダヤ人よりアラブ・パレスチナ人の出生率の方が高く、その人数・割合が増えてしまうという、イスラエルにとっては困った「人口問題」があります。だから対等な権利をアラブ・パレスチナ人には与《あた》えません。自分たちの優位を確定させるため、とうとう一八年に、イスラエルはユダヤ人の国だとする「ユダヤ国民国家法」を制定しました。「イスラエルではユダヤ人だけが自決権をもつ」としています。もともと不平等であり「民主国家」とはとても言えませんでしたが、建前さえ取り去ってしまいました。イスラエル国民の二五％がアラブ・パレスチナ人にもかかわらず、です。

　さらに、パレスチナ地域全体（イスラエル・ヨルダン川西岸地区・ガザ地区）では、ユダヤ人人口とパレスチナ人人口は、およそ半々という事情もあります。イスラエル政府は、ガザ・ヨルダン川西岸地区全体を併合するつもりはないのです（もちろん併合は国際的にも認められませんが）。「自治」という名前だけ与えた実質の占領状態という中途半端な現状がイスラエル政府にとって都合の良い状態ということになります。イスラエル領内からも、ヨルダン川西岸地区・ガザ地区からもパレスチナ人を追い出したい、なるべく人数を減らしたい、そのために次々ときつい政策を打ち出しています。

パレスチナ地域全体でユダヤ人とパレスチナ人が平等に共存する「二民族一国家」案。これが、もっとも現実的な話なのか、はたまた夢物語なのか。「二国家」を選ぶのか「一国家」を選ぶのかは、住んでいる人たちの選択ですが、現状は、なし崩《くず》し的な一体化、です。

（皆川）

Q 占領はイスラエルにとってどんな利益があるのですか？

イスラエルは、長年パレスチナ人を労働者として安く雇う一方、占領地をイスラエル製品の市場として、利益をあげてきました。パレスチナから土地と水を奪う一方、イスラエルの食料自給率は九〇%以上、輸出もしています。イスラエルの農場で主に働いているのは、アラブ・パレスチナ人、ヨルダン川西岸地区のパレスチナ人、外国人労働者ですが。自分たちのナツメヤシ林が奪われ、入植地のナツメヤシ林で労働者として働いている、などもよく聞く話です。

パレスチナのお店でも、ヘブライ語の書かれたビスケットやジュースなど食料品や日用品が多く売られています。パレスチナで飼っている牛も子牛をイスラエルから買っていたり、パレスチナのオーガニックの畑でも害虫を捕《つか》まえる液体などをイスラエルから買っていたりします。アジアからの安い製品もイスラエルの商社を通して入ってきています。パレスチナの製品を海外に輸出するには、許可を得ていくつもの検問所を通り、境界線では荷物を積み替《か》えて……とコストがかかりますが、イスラエル製品や海外製品はするっとパレスチナ市場に入ってくるのです。またイスラエル市場で、ガザ地区・ヨルダン川西岸地区の製品が売れる余地はありません。

さらに、イスラエルにとっては、境界線のフェンスや分離壁は公共事業的な意味もあります。ドキュメンタリー映画『ルート181』のなかで、大きな刃がついた特殊な有刺《ゆうし》鉄線を製造している会社が「和平合意後の一九九六年はかなり不況で廃業の危機だった」「この情勢下でビジネスは絶好調だ」「すでに軍が大量に買い上げた。さらに長さ一二〇キロメートルほど追加注文を受けている（六億シェケル＝およそ一八〇億円）」「一キロメートルで五〇〇万シェケル」と話していたのが印象的でした（ドキュメンタリーの撮影は二〇〇二年。この有刺鉄線は人道的な理由から他国では軍の使用は禁止されているそうです）。

（皆川）

Q　パレスチナ自治政府はパレスチナの人たちに支持されていないのですか？

ヨルダン川西岸地区で友人知人と話していても、街中のお店の人たちなどと話していても、自治政府を支持している、という人には出会ったことがありません。政府がパレスチナの人びとの権利や利益を守らずイスラエルの言うがままになっているように感じるからです。でも、街中での世間話ではあれこれ言えても、新聞などでの批判はかなり抑《おさ》え込まれています。ＳＮＳで自治政府を批判して逮捕されたという話もききます。

一九九六年、最初の大統領選挙と（国会にあたる）立法評議会選挙がおこなわれました。当初、任期は「暫定《ざんてい》自治終了《しゅうりょう》まで」でしたが、二〇〇五年の基本法で、両者とも任期は四年と定められました。

〇四年一一月にアラファト大統領が亡くなり、〇五年一月の選挙で現在のアッバース大統領が選ばれました。

第二回の立法議会選挙は〇六年におこなわれ、ハマースが議席の過半数を獲得《かくとく》し、ハマースのハニーヤを首相とする内閣が発足しました（三月からはファタハとの連立内閣）。しかし、ハニーヤ内閣をイスラエルも国際社会も承認しませんでした。〇七年には、ハマースとの連立に否定的なファタハ強硬《きょうこう》派による武力クーデターが起き、その結果、ガザ地区はハマース主導の政府が統治、ヨルダン川西岸地区はファタハ主導の政府が統治という状態になりました。それ以来、ガザ地区は、生活に必要な物資さえ入ってこない、より厳しい封鎖下におかれ、たびたびイスラエル軍の激しい攻撃にさらされています。

一四年からは統一内閣が発足しましたが、ガザ地区とヨルダン川西岸地区の行政組織の統合は進んでいません。一九年四月の新内閣（シュタイエ首相）からはハマースが排除《はいじょ》されました。〇五年の大統領選挙、〇六年の立法議会選挙のあと、今日にいたるまで選挙はおこなわれておらず、代表者として正当性がないと思われています。

　そういう意味でもパレスチナ独立の機運は上がりません。「独立したってこんな傀儡《かいらい》政権だったら意味がない」と市民は思っているのです。腐敗《ふはい》した独裁政権の国ができるだけだからです。

（皆川）

＊

　パレスチナ自治政府への不信感、反感が大きくなっている原因のひとつに、一九九八年の合意を受けてはじまったイスラエル軍とのセキュリティコーディネーション（共同での治安維持《いじ》、協力）があります。

　自分の村アルワラジャのなかに造られる分離壁、入植地に非暴力で反対する運動をおこなっていたバーセルというひとがいました。彼はさかんにボイコット運動の提唱や執筆《しっぴつ》活動もおこない、イスラエルによる占領だけでなく、パレスチナ自治政府の汚職《おしょく》と腐敗、占領の片棒を担いでいることなどを鋭く批判していました。そのために彼は自治政府の刑務所《けいむしょ》に「テロを計画している」として収監《しゅうかん》され、抗議のハンガーストライキで「釈《しゃく》放《ほう》」を勝ち取ったものの、その後すぐに、今度はイスラエル軍に追われる身となり、身を隠していた先でイスラエル軍に射殺されました。その場所はA地区（地図ページ参照）にあり、パレスチナ自治政府警察の協力（または少なくとも黙認）がなければイスラエル軍が侵入することもできない地域です。このようなセキュリティコーディネーションこそが占領の片棒担ぎだと批判していたバーセルは、そのセキュリティコーディネーションによって殺されたといえます。

　このように、自治政府高官が、人びととの批判を封じ込めて目指す「自治」やその先の「独立」がなにを意味するのか、パレスチナの人びとはとっくの昔に気づいています。ハマースの支持者だけでなく、ファタハが担うパレスチナ自治政府のあまりの腐敗ぶりを変えたくて、選挙でハマースに一票投じた人も多かったのです。

　たしかに、イスラエルの手足となって占領の片棒を担がなければ、その地位にはいられない、表立って抵抗をすればありとあらゆる難癖《なんくせ》をつけられて刑務所に入れられる、そもそも占領こそが諸悪の根源ではあるのですが、とはいえ、自治政府のリーダーたちが「誰のために、なにをしているか」を、人びとは冷静に（冷ややかに）みつめています。

（高橋）

Q イスラエルの軍需産業について教えてください。

イスラエルは、武器輸出金額で、二〇一六年は世界第七位、一七年が五位。武器取引量では、一三年～一七年で八位。内戦や紛争《ふんそう》地域、独裁国家に武器を輸出し、軍事訓練までおこなっていることも問題視されています。

イスラエル企業は、兵器やセキュリティの技術・装備が実戦で使われ、成果をあげていることをアピールポイントにしています。「実戦で使われている」とは、つまり、パレスチナへの攻撃や占領で培《つちか》った技術ということです。ガザ攻撃は、ある意味、最新兵器やミサイルの見本市とも言われています。イスラエルのセキュリティビジネスの多くはイスラエル軍の退役軍人によって立ち上げられています。検問所や分離壁などに設置されている監視カメラ、生体認証システムなどを売り込んでいるのです。

イスラエルは中東のシリコンバレーともいわれるハイテク国家です。でも、それらは軍事と深く結びついているのです。

（皆川）

Q 国際社会の動き、支援はどうなっていますか？

残念ながら、やりたい放題のイスラエル政府を国際社会は止められないでいます。一九四八年難民の帰還権が認められている国連総会決議や、六七年占領地からの撤退を求めている国連安保理決議は、オスロ合意で事実上、無にされました。分離壁は二〇〇四年に国際司法裁判所で違法判決が出たけれどそのままです。中東地域では、各国政府が自国民を弾圧しているだけでなく、サウジアラビア、イランなどが他国に介入して覇権争い中で、ロシアなどの軍事介入もあり、シリアやイエメンでは多くの市民が犠牲になっています。パレスチナのことにかかわる余裕はありません。また、サウジアラビアとエジプトはむしろイスラエル政府に協力しているようにみえます。

ふつうは占領にかかるお金は占領軍が負担するもの。ところがパレスチナの場合は、国際社会（国際機関、各国政府、NGOなど）がパレスチナの人たちの生活を援助している状況です。さらに国際援助でパレスチナ自治区のインフラがつくられ、イスラエル軍の攻撃で壊され、その「復興」にまた国際援助が使われ、セメントの材料はイスラエルから買われ……というような構造があります。

しかし、現状では支援が必要なことも事実です。現在、アメリカが、ユネスコやUNRWAへの拠《きょ》出《しゅつ》金を削減《さくげん》・停止したことで、実際に影響《えいきょう》が出てきています。USAID（国際開発庁）の対パレスチナ支援費が削《けず》られたことで、USAIDから助成金をもらっていたアメリカのNGOが資金不足でパレスチナで活動できなくなった、という報道もありました。

（皆川）

Q 日本政府やNGOはパレスチナにどんな支援をしているのですか？

オスロ合意以降、日本政府はパレスチナ対する主要援助国です。UNRWA、UNDP（国連開発計画）など国際機関を通しての資金提供のほか、ヨルダン川西岸地区の自治政府（ファタハ政権）への直接援助もあります（時期によって変動がありますが、毎年数十億円以上の援助。一九九三年〜二〇一八年の支援累計《るいけい》額はおよそ一九億ドル）。

〇六年から現在までJICA（国際協力機構）のプロジェクトとして「平和と繁栄《はんえい》の回廊《かいろう》構想」がおこなわれています。日本・パレスチナ・イスラエル・ヨルダンが協力し、ジェリコに農産加工団地を造り、そこで作られた農産加工品をヨルダンに輸出する、という計画でした。

当初から多くの問題（地元との協議がなされていない、ヨルダン川西岸地区へのイスラエルの関与を認めるのかなど）が指摘《してき》され、パレスチナのNGOネットワークからも反対声明が出され日本の市民団体も抗議しました。その後多少、軌道修正があったようですが、一〇年以上経ってようやく計画の一部がはじまっているような状況です。

「2017年10月現在、約40社が入居契約を終え、うち、約8社（オリーブ葉エキスのサプリメント、梱《こん》包用緩衝材《ぼうようかんしょうざい》、ウェットティッシュ、ミネラルウォーター、オリーブ石けん、冷凍《れいとう》ポテト、再生紙、デーツのパッ

ケージング）の工場が操業を開始している。」（外務省のサイトより）

助成金をエサに工業団地に入るパレスチナ企業を募《つの》っているようですが、地域のつながりが強いパレスチナで他の町から工場を移転させるのは好ましくないうえ、検問所もあるのに他の町から遠いジェリコに通うのは大変です。ここに広大な工業団地を造るという計画自体に無理があったと思います。

また、このプロジェクトに振《ふ》りまわされ、損害を出したパレスチナの企業もあると聞いています。

そのほかに、JICAは、中小企業支援、観光支援などもおこなってきました。

パレスチナの人たちは知識や技術がなくてビジネスに問題を抱《かか》えているわけではありません。検問所をなくし、エルサレムも通れるようにして（現実には、エルサレムが通れないことでヨルダン川西岸地区の北部と南部の経済が分断されている）、人とモノの移動や土地と水の利用を自由にするだけでも、経済は発展します。

他方、草の根の活動でパレスチナの人たちを地道に支援してきた日本のNGOも多くあります。三〇年以上、被占領地の人びとやレバノンのパレスチナ難民を支援してきた団体も、近年にプロジェクトをはじめた団体もあります。パレスチナの地元NGOを通じての支援もあります。（皆川）

＊

パレスチナの難民キャンプで出会った男性は、トランプ大統領によるUNRWAへの支援カットの発表を受けて、「支援カット？　まったく構わないよ。私たち難民は、お金がほしいわけじゃない。そのかわり、ただ私たちの故郷を返してほしい。故郷に帰ることだけを夢見ながら、かなえられず亡くなっていった祖父母や父の人生を返してほしい。日本政府がたくさんの支援をしてくれていることに対しては感謝もしている。でもお金を出すだけではなく、口も出してほしい。占領や入植地の建設や不法行為に対して、きちんと批判をしてほしい。国連でのイスラエルへの非難決議の際に、アメリカの意向をくんで棄権《きけん》ばかりしていないで。それは支援以上に私たちが望んでいることと」と私に言いました。各国がどんな立場でどんな一票を投じたのか、きちんとみつめていることにおどろきもしましたが、これは私たち自身のこ

とでもあるのだと、私たちがこの日本で自国政府になにを求め、なにをするべきなのか、とても示唆《しさ》に富んだ言葉でした。（高橋）

Q 日本政府や企業とイスラエルの経済関係はどうなっていますか？

この五年あまりで急速に、イスラエルとの経済・安全保障関係の強化が進んでいます。

日本・イスラエル間では、二〇一四年に包括《ほうかつ》的パートナーシップ協定、一七年に日本イスラエル投資協定が結ばれました。これらの協定や共同研究促進《そくしん》や研究開発協力に関する「協力覚書」では「サイバー・セキュリティ分野で協力を進めたい」ということが述べられています。一二年末の第二次安倍政権発足後、日本からの投資額は一一億円から一三〇〇億円へ急増し、進出企業も二五社から七〇社に増えました。

たとえば、日本のある通信会社は、イスラエルのサイバーセキュリティ会社に出資したり、いくつかのイスラエル企業とIT、IoT（モノのインターネット）分野での協業を発表しています。

また、いくつものイスラエルのサイバーセキュリティ会社が日本に進出し、すでにイスラエル企業によるサイバー訓練システムの日本への導入も進んでいます。ちなみに内閣官房は、オリンピックに向けて、あるいはオリンピックにかこつけて、一九年のサイバーセキュリティ予算を一八年の一・七倍にあたる四二億円要求しています。一六年のリオデジャネイロ・オリンピックでは、セキュリティ業務でイスラエル企業と契約が決まっていたのが、世界からの抗議運動で取りやめになったそうです。日本の対応も注目されます。

これまで、イスラエルのセキュリティ企業が出展するビジネスセミナーやイベントが東京や大阪で開催されてきましたが、二〇一八年八月二九日、三〇日には、神奈川県川崎市の「とどろきアリーナ」でイスラエル企業が主催する軍事見本市「ISDEF Japan 2018」（イスラエル防衛&国土安全保障エキスポ）が開かれました。オリンピックに向けての「防衛」技術・装備の売り込みで、イスラエル企業を中心に約五〇社が出展しました。つまり、サイバーセキュリティや「テロ」対策の監視や防衛のシステム・装備です。ドローンやドローンを検知して妨害電波を出す機器、入場者が爆発物を持っていないか検知するゲートなどが展示され、AIによる画像分析など先端技術がアピールされたそうです。

市民団体や中東に関わる研究者・ジャーナリストは、公共施設である「とどろきアリーナ」を軍事見本市へ利用許可した川崎市に取り消しを求めましたが、川崎市は「問題ない」という返答でした。当日は、会場前で数百人の市民による抗議もおこなわれました。

他方、日本企業の技術がイスラエルの軍事攻撃・占領に使われている例もあります。ある日本のメーカーのICボードがガザ虐殺に用いられた兵器に使われていること、ヨルダン川西岸地区における分離壁に設置されている監視システムにも、このメーカーのカメラが用いられていることが指摘されています。また、この日本企業はイスラエルの半導体会社を買収しています。

オリンピックに向けてなのか、スポーツ中継自動カメラをつくるイスラエルの企業へ日本のメディアグループが共同出資もしています。（皆川）

Q イスラエル政府は、東日本大震災のときに支援してくれたのですか？

二〇一一年三月二九日から四月一〇日まで、軍を主体としたイスラエル医療チームが宮城県の南三陸町で診療所を開き活動しました。たった二週間、そして、なぜイスラエルの医療チームが特別に受け入れられたのかなど、わからない部分も多い支援でした。

その後現在まで、イスラエル大使館やイスラエルの団体の主催で、津波被災《ひさい》者の「心のケア」のための活動が宮城県でつづいています。「戦争・紛争で傷ついたイスラエルの人びとの心のケアで経験豊富だから」という説明です。イスラエルはガザ地区・ヨルダン川西岸地区の子どもたちを傷つけ、その子どもたちの心のケアは、日本のNGOがやっているのに、とても奇妙に感じます。

一二年の夏には、宮城県内の一三人の高校生が日本イスラエル親善協会の研修旅行としてイスラエルを訪問、イスラエルの支援に対して感謝の気持ちを述べました（「河北新報」二〇一二年八月二三日～二七日連載《れんさい》「被災地の思い胸に　宮城・高校生イスラエル訪問」）。「医療団を指揮したアミール・ゴラン大佐は『われわれの任務は、一人でも多くの人を救うことだ』と説明」「『（活動は）国の内外、自然災害か人災かは一切問わない』と断言」し、高校生たちに感銘《かんめい》を与えたそうです。

一八年には宮城県の高校生二人がキブツに滞在しました（「河北新報」二〇一八年五月三一日共同通信による配信記事）。

記事になっていない活動もほかにもあるでしょう。震災を機にするっと入ってくる、震災で傷ついた子どもたちを利用するようなやり口に衝撃を受けました。でも、震災・原発事故後、あれこれ対応しなければいけないことがあったなかで、私自身はイスラエルへの抗議までする余裕《よゆう》はまったくありませんでした。また、イスラエルがイメージアップのために活動していたとしても、個々のイベントの中身の良し悪しまではわかりません。イスラエルの「支援」に助けられた人もいたかもしれないことは否定できません。

二〇二〇年の東京オリンピックでは、宮城県の亘理町《わたりちょう》（津波被災地）が、イスラエルのホストタウンとなります。

（皆川）

※Q＆Aの部分では、事実確認のため資料や書籍を参考にしましたが、典拠は細かく明示しておりません。ご了承ください。

もっとパレスチナのことを知りたくなった方たちへ、比較的最近の本の紹介です。（皆川）

■入門編

高橋真樹『僕の村は壁で囲まれた　パレスチナに生きる子どもたち』現代書館、二〇一七年

高橋宗瑠『パレスチナ人は苦しみ続ける　なぜ国連は解決できないのか』現代人文社、二〇一五年

■イスラエルの占領について知る

サラ・ロイほか『ホロコーストからガザへ　パレスチナの政治経済学』青土社、二〇〇九年

ガリコ美恵子『反核の闘志ヴァヌヌと私のイスラエル体験記』論創社、二〇一七年

■日本から考える、日本とのかかわり

長沢栄治・栗田禎子編『中東と日本の針路　「安保法制」がもたらすもの』大月書店、二〇一六年

■深く考えるために

ミーダーン〈パレスチナ・対話のための広場〉編『〈鏡〉としてのパレスチナ―ナクバから同時代を問う』現代企画室、二〇一〇年

「現代思想　特集＝パレスチナ―イスラエル問題―暴力と分断の70年」青土社、二〇一八年五月号

おわりに

　一九九三年から宮城県仙台《せんだい》市で暮らしてきて、二〇一一年に東日本大震災《しんさい》を経験しました。被災そのものだけでなく、被災者を置き去りにするような「復興」政策にも衝撃をうけました。パレスチナにかかわっていたから、「非日常が日常になった生活」「理不尽《りふじん》な世界で生きること」があると知っていたつもりだったけれど、それが自分たちの身にもふりかかってくるとは思っていませんでした。仙台も地震・津波・原発事故のトリプルで被災しましたが、周辺地域の被害がより大きく、「私たちなんて被災者に入らない」と言って、被災者兼《けん》支援者で走りまわっていた人が多くいました。ほっとする場所・時間・情報交換《こうかん》が必要だろうと、一年半ほど仙台で友人たちとカフェイベントをおこないました。

　また、津波《つなみ》被災地域でも避難所から仮設住宅に移ったころからは、「仕事」も大事でした。手を動かすこと、集まっておしゃべりすること、お金を得ること、その重点は地域・団体によって異なりましたが、各地に手仕事のグループができました。もとの生業が復旧するまでのあいだのものも、現在まで続いているものもあります。

　仙台には、私の仕事と人生のいちばんの師《し》匠《しょう》がいます。服飾工房《ふくしょくこうぼう》を営み腕《うで》一本で家族を支え、在日朝鮮《ちょうせん》人と日本人の対話と共生を目指す市民団体「パラムせんだい」を主宰《しゅさい》していたキムスンヨル（金順烈）★さんです。在日コリアンの女性として生きてきた経験、「手織物をとおしてタイの農村の人びととつながる会」をつくってフェアトレードをおこなってきた経験から、多くのことを話してくれました。市民団体のなかでも、肩《かた》書きがものを言ってしまうことがあるということ、ジェンダーの問題があること。大義のために小さな声を封殺《ふうさつ》してはいけない。キムさんは、澤地久枝《さわちひさえ》さんの「名もなき人の声を聞く」という言葉をよく口にしていました。

　モノが売れるということは、その商品・仕事が評価されたということ、そして生産者・売る人・買う人がつながるということ。そして、その一人ひとりがかけがえないのです。

　本のお礼の前に、ずっとパレスチナ・オリーブの活動を支えてくださっている方がたにお礼を。パレスチナ地域の生産者のみなさん、そのほか現地でお世話になっているみなさん、お取扱《あつかい》店のみなさん、日ごろ買い支えてくださっているみなさん。応援してくれている友人・知人。いつもサポートしてくれているパレスチナ・オリーブのスタッフ。一人ひとりのお名前は書ききれませんが、本当にありがとうございます。二〇〇二年にシンディアナのスタッフを日本に招いたときに協力してくださった方がたなど、日本各地でパレスチナにかかわる活動をしているみなさんがいるのも心強いです。

　最後に本のお礼を。共著者の高橋美香さんと、編集者の天野みかさん、ふたりのみかさんにひたすら励《はげ》まされて、どうにか最後までたどり着きました。感謝の気持ちでいっぱいです。おしゃべりで話すだけなら何時間でも話し続けられる私ですが、書くのは苦手です。装丁の浅井《あさい》充志《あつし》さん、オリーブの刺繍まで入れてくださって嬉しいです。素敵な装丁をありがとうございました。

　この本は中高生にも読みやすいように、と考えて書きました。さて、小学生のときにパレスチナに行ったけれど、いま頭の中はほぼ野球だけの高校生の息子は、この本を手に取るでしょうか⁉

　今日も働いている、生きているみなさん、誰もが大切にされる社会に向けてそれぞれの場所で活動してるみなさんに、想いをこめて。

二〇一九年五月　　　　皆川万葉

★テッサ・モーリス‐スズキ「金順烈　アジアの女性たちを結ぶ」（杉田敦編『ひとびとの精神史 第6巻』岩波書店、二〇一六年、所収）

《著者略歴》

高橋美香（たかはし みか）
写真家。一九七四年広島県府中市生まれ。大学在学中より世界の国ぐにを歩き、その地に生きる人びとの「いとなみ」をテーマに撮影、作品を発表。
著書『パレスチナ・そこにある日常』『それでもパレスチナに木を植える』（未來社）、写真集『Bokra　明日、パレスチナで』（ビーナイス）、『パレスチナに生きるふたり　ママとマハ』（第二九回平和・協同ジャーナリスト基金賞奨励賞受賞・かもがわ出版）
Twitter：@mikairvmest

皆川万葉（みながわ まよ）
合同会社パレスチナ・オリーブ代表。一九七三年新潟市生まれ。東北大学国際文化研究科国際地域文化論専攻イスラム圏研究講座博士課程前期終了。一九九八年よりパレスチナ地域の商品をフェアトレードで輸入、全国に販売。新潟、宮城暮らしを経て、震災・原発事故後に山梨に転居。二〇二二年三月に仙台に戻る。
共著『パレスチナ／イスラエルの女たちは語る――オリーブがつくる平和へのオルタナティブ』（『パレスチナ／イスラエルの女たちは語る』刊行委員会編・柘植書房新社）
合同会社パレスチナ・オリーブ
宮城県仙台市若林区連坊小路一三五
レインボウハウス一階
TEL／FAX 〇二二-七九六-〇六四三
http://www.paleoli.org/

パレスチナのちいさないとなみ
働いている、生きている

二〇一九年六月二五日　初版第一刷発行
二〇二四年八月二〇日　第四刷発行

著　者　高橋美香
　　　　皆川万葉
装　丁　浅井充志
発行者　竹村正治
発行所　株式会社 かもがわ出版
〒六〇二-八一一九　京都市上京区堀川通出水西入
TEL 〇七五-四三二-二八六八
FAX 〇七五-四三二-二八六九
http://www.kamogawa.co.jp
振替　〇一〇一〇-五-一二四三六
印刷所　シナノ書籍印刷株式会社
ISBN978-4-7803-1026-9 C0095
Printed in Japan

◆カバー袖の商品写真：及川由希子 撮影
◆四一・四五・四六・四八・五一ページ写真：皆川万葉 撮影